Ökonomie, Politik und Ethik in der praktischen Philosophie der Antike

Ökonomie, Politik und Ethik in der praktischen Philosophie der Antike

Herausgegeben von
Peter Seele

De Gruyter

ISBN 978-3-11-026856-0
e-ISBN 978-3-11-026862-1

Library of Congress Cataloging-in-Publication Data

Ökonomie, Politik und Ethik in der praktischen Philosophie der Antike / [herausgegeben von] Peter Seele.
p. cm.
Includes bibliographical references and index.
ISBN 978-3-11-026856-0 (alk. paper)
1. Economics – History. 2. Economics – Moral and ethical aspects – History. 3. Economics – Political aspects – History. I. Seele, Peter.
HB77.O36 2011
180–dc23
2011030710

Bibliografische Information der Deutschen Nationalbibliothek

Die Deutsche Nationalbibliothek verzeichnet diese Publikation in der Deutschen Nationalbibliografie; detaillierte bibliografische Daten sind im Internet über http://dnb.d-nb.de abrufbar.

Druck: Hubert & Co. GmbH & Co. KG, Göttingen
∞ Gedruckt auf säurefreiem Papier

Printed in Germany

www.degruyter.com

Ökonomische Philosophie: Ein programmatisches Vorwort

Peter Seele

Aus dem Dreiklang der praktischen Wissenschaften in der Antike von Ethik, Politik und Ökonomik konnten sich im gegenwärtigen Fächerspektrum der *Praktischen Philosophie* insbesondere die Ethik und die *Politische Philosophie* etablieren. Analog zu dem ursprünglichen Dreiklang und zur *Politischen Philosophie* hat sich bisher allerdings keine *Ökonomische Philosophie* als Themenkreis oder Subdisziplin (abgesehen von wenigen Einzelprojekten) einstellen können. Aus systematischer Perspektive wirkt diese Entwicklung – positiv formuliert – als einladendes Desiderat in Forschung und Lehre. Bedenkt man zudem den Stellenwert des Ökonomischen in Gesellschaft und Geschichte, ist dieser weiße Fleck umso auffälliger. Gleichwohl befindet sich in unmittelbarer Nachbarschaft die Wirtschaftsethik als philosophischer Zugang zur Ökonomie. Doch dieses Gebiet wäre eher als Subterrain der Ethik im Sinne des Dreiklangs zu sehen. Eine *Ökonomische Philosophie* analog zur *Politischen Philosophie* wäre kategorial unterschiedlich zu einer politischen Ethik.

Was also wäre eine *Ökonomische Philosophie?* Diese Einleitung kann nur der Ort einer präliminaren Notiz für eine programmatische Perspektive sein; jedoch nicht der Ort für eine systematische Programmatik. Die vorliegenden Beiträge vermögen als Reflexionen aus den verschiedenen beteiligten Disziplinen wie Philosophie, Philologie oder Geschichtswissenschaft das Feld und die antiken Quellen aufzeigen, aus denen eine *Ökonomische Philosophie* zu erarbeiten wäre. Zu Beginn wäre zunächst eine Begriffsbestimmung des Ökonomischen zu klären, denn es wird verschiedentlich darauf hingewiesen, dass die Ökonomie als Nationalökonomie ihren Ursprung in der Moralphilosohie Adam Smith' hat und wenig oder gar nichts mit der Ökonomie der Antike im Sinne der Hausväterliteratur und Hauswirtschaftslehre im etymologischen Sinne einer *Oikonomia* zu schaffen hat. Diese Sichtweise könnte eine *Ökonomische Philosophie*, die nicht Wirtschaftsethik oder Hauswirtschaftslehre ist, herausfordern. Insofern können die hier versammelten Beiträge als

Mosaiksteine dieser konzeptionellen Begründung einer *Ökonomischen Philosophie* verstanden werden.

Ausgangspunkt der *Ökonomischen Philosophie* wären antike Schriften zur Ökonomie etwa von Aristoteles, Platon oder Xenophon. Die Behauptung, es ginge in der antiken Ökonomie um Hauswirtschaft, ist – freundlich gesagt – verkürzt. Was aber als Angelpunkt antiker Ökonomie herauspräpariert werden kann, um eine *Ökonomische Philosophie* zu begründen, ist die Thematik des Haushalts. Haushalt wird hier als Ordnungsgrösse und nicht als Hauswirtschaftsraum mit Besen und Putzmittel verstanden. Eindrücklich belegen diese budgetäre Interpretation des Begriffes bereits Xenophons Schriften über die Staatseinkünfte (Beitrag Audring) sowie die (pseudo-) aristotelische Schrift der *Oikonomika*, insb. Buch II, welches ausschliesslich dem Thema Staatswirtschaft gewidmet ist. Versteht man Ökonomie nicht eng als Haus im bautechnischen Sinne, sondern als Haushalt im Sinne von Haushaltskonto (Etat, Budget oder Account wären die modernen Begriffe), so wäre die genealogische Linie von der Antike zur Ökonomie bis in die Gegenwart durchgängig denkbar, denn die planvolle Mittelverwendung und das Vorlegen eines ausgeglichenen Haushalts ist unabhängig von jeder philosophischen Reflexion die vorrangige Aufgabe ökonomischen Denkens und Handelns. Insofern steckt in der vielleicht ersten Unternehmertheorie aus den aristotelischen *Oikonomika* (Oik.)[1] die Grundlage einer *Ökonomischen Philosophie*. Diese stünde auch in Abgrenzung zur Wirtschaftsethik, wenn ohne jede normative Steuerung festgehalten wird, „dass in allen Wirtschaftsarten, besonders aber bei den privaten, zentral beachtet werden muss, dass die Ausgaben nicht größer werden als die Einnahmen" (Oik. II, 1.6).

So ist Kai Brodersen etwa zuzustimmen, wenn er Kohärenz in den *Oikonomika* des Aristoteles vermisst, jedoch wäre zu hinterfragen, ob es wirklich als Gipfel „arg oberflächlich theoretischer Überlegung" zu bewerten ist, wenn auf ausgeglichene Haushalte durch Verhinderung eines Ausgabenüberschusses hingewiesen wird.[2] Die heftigste Kritik stammt jedoch von niemand geringerem als Moses Finley, der in seinem als Standard angesehenen Werk „Die antike Wirtschaft" von „vernichtender Banalität"[3] spricht.

1 R. Zoepffel (Hrsg.), Aristoteles, Oikonomika. Schriften zu Hauswirtschaft und Finanzwesen. Übersetzt und erläutert. Berlin: 2006.

2 K. Brodersen, Einleitung. In: Aristoteles: 77 Tricks zur Steigerung der Staatseinnahmen – Oikonomika II. Stuttgart (2006): 9–32, S. 16.

3 M. Finley, Die *antike Wirtschaft*. München: 1977, S. 13.

Vielleicht lassen sich diese kritischen Ansätze verstehen, wenn man den Theorie-Praxis-Abstand anführt. Denn so banal die Erkenntnis des ausgeglichenen Haushalts gerade im Vergleich zu hochstufigen philosophischen Fragen der Ethik ist, so wenig banal ist die Praxis eines ausgeglichenen Haushalts im praktischen Leben ausserhalb der philosophischen Reflexion. Dies ist anschaulich in der Antike wie in der Gegenwart insbesondere bei den Staatsfinanzen zu bezeugen. Auch an dieser Stelle sind die *Oikonomika* keineswegs trivial, wenn auf den Unterschied von privaten und öffentlichen Haushalten hingewiesen wird, wobei der ausgeglichene Haushalt als Problem eher für die privaten Haushalte auftritt denn bei den öffentlichen (s. o.). Ist die Nichtexistenz einer *Ökonomischen Philosophie* also damit zu erklären, dass Philosophie sich nur Fragen annimmt, die eine gewisse theoretische Komplexität haben – ungeachtet ihrer praktischen Signifikanz? Denn, dass nicht-ausgeglichene Haushalte ein praktisches Problem darstellen, dürfte wohl jedem einleuchten und zwar epochenunabhängig und unabhängig von jeweiligen Ökonomiebegriffen. Gewicht bekommt die Ökonomie in der Philosophie etwa auch, wenn das Primat der Ökonomie über die Politik behauptet wird. Dieser Behauptung Aristoteles' zufolge besteht die Gemeinschaft nur dann, wenn die Teilnehmer mehr davon haben teilzunehmen, als wenn sie dies nicht täten. Diese Überzeugung stellt – wenn man so will – eine Kosten-Nutzen-Abwägung für das soziale Leben von vielen in einer Organisationseinheit dar. Buch II der *Oikonomika* behandelt beispielreich just jene Fälle, wie der Staatshaushalt bei drohendem Kostenüberschuss saniert werden könnte. Primat ist hier nicht hierarchisch, sondern genealogisch zu verstehen, wie auch im I Buch der *Oikonomika* deutlich wird, wenn Aristoteles schreibt, dass die „Oikonomik der Entstehung nach früher ist als die Politik" (Oik. I, 1).

Das Projekt einer *Ökonomischen Philosophie* ist also nicht zwangsläufig auf einen Post-Smithschen-Ökonomiebegriff angewiesen. Über den Haushaltsbegriff lassen sich auch die antiken Beiträge zur Ökonomik in einer Weise fruchtbar machen, die den Schmähungen der Hausvaterliteratur entgegenstehen. Damit ist gleichsam nicht gesagt, dass nun die antike Ökonomik als notwendiger Referenzrahmen für eine *Ökonomische Philosophie* zu bemühen ist. Vielmehr zeigt diese Überlegung, dass ökonomische Grundfragen funktionaler wie normativer Art philosophisch bekannt sind. Als Ausgangspunkt für das Projekt einer *Ökonomischen Philosophie* bietet sich allerdings die Praktische Philosophie der Antike an. Zum einen kann damit gezeigt werden, dass die Philosophie und ihre antiken Protagonisten entsprechend der drei praktischen Wissenschaften keine Distanz zur Ökonomie haben. Zum anderen lässt sich mit der Praktischen Philosophie der Antike zeigen, dass die Fragen einer *Ökonomischen Philosophie* durchaus aktuell[4] sind, wenn der Fokus nicht zwangsläufig auf die Hausväter,[5] sondern auf den Haushalt als budgetäre Ordnungsgrösse gerichtet ist.

Im Detail sind diese Vorüberlegungen abzusichern und zu belegen durch beispielhafte Studien am Ausgangsmaterial der Antike. Im vorliegenden Band sind acht Beiträge vertreten, die auf verschiedene Weise zur Rehabilitierung ökonomischer und zum Teil politischer Topoi als Gegenstand aktueller philosophischer Forschung beitragen. Der erste Block der Beiträge thematisiert hierbei Fragen der Antike. Der zweite Block befragt Beispiele der antiken Philosophie aus Ökonomik, Politik und Ethik nach deren Bedeutung in der Gegenwart. Wie lassen sich mithilfe antiker philosophischer Texte aktuelle Fragen behandeln? Dabei werden ausdrücklich neben der funktionalen Ebene auch normative Fragen der Verbindung von Wirtschaft und Ethik angegangen. Auf diesen Zusammenhang weist auch *Jörn Müller* in seiner höchst instruktiven Einleitung hin, welches die systematische Perspektive der drei Bereiche Ökonomik, Politik und Ethik deutlich vor Augen führt als Anerkennung des ökonomischen Desiderates in der Philosophie.

Den Auftakt des Bandes liefert der Historiker *Gert Audring*, wenn er nach Xenophons Schrift über die Staatseinkünfte fragt. Diese Schrift trägt den Titel *Póroi*, was mit „Übergang" übersetzt werden kann. So ist es interessant festzustellen, dass offenbar ökonomische Themen dann eine Rolle spielen – auch philosophisch – wenn sich Transformationen ihren Weg in die Geschichte zu bahnen scheinen. Wie Audring zeigt, lässt sich für die *Póroi* diese Übergangssitation sehr anschaulich herauspräparieren. Ausgangspunkt war die Auflösung des 2. Attischen Seebundes zur Mitte des 4. Jh. v. Chr., welcher, unterstützt durch Eingriffe der Perser, mit empfindlichen Wohlfahrtsverlusten einherging. Xenophon, Schüler des Sokrates, verfasste die *Póroi*, um den Athenern einen Ausweg aus ihrer Krise zu weisen. Das wichtigste Anliegen, so Audring, war es dabei, auf anständige Weise den Lebensunterhalt der ärmeren Bürger zu sichern. Dieses Ziel, so Audring, sei laut Xenophon durch Nutzung der eigenen Erwerbsquellen zu erreichen. Die Kohäsion innerhalb der Gesellschaft war es

4 P. Seele, Steuerhunger, Währungskrisen, Tempelveräußerungen. Die Oikonomika des (Pseudo-) Aristoteles in gegenwärtiger Perspektive. In: A.Kabalak et al. (Hrsg): Capitalism Revisited. Metropolis 2010: 133–151.

5 U. Victor, Oikonomikos. Das erste Buch der Ökonomik – Handschriften, Text, Übersetzung und Kommentar – und seine Beziehungen zur Ökonomikliteratur. Königstein im Taunus: 1983.

also, die als Grundvoraussetzung der Verwendung der Staatseinkünfte gesehen wurde.

Anna Schriefl geht in ihrem philosophischen Beitrag auf das Verhältnis von Erwerbskunst (*Chrematistik*) und Exzellenz (*Arête*) bei Plato ein. Ihr Ausgangspunkt sind dabei die verschiedenen, reichtumskritischen Äußerungen im Werk Platons, welche sie auf zwei Kritikpunkte zurückführt: Platon kritisiert erstens eine verbreitete Vorstellung, der zufolge *aretê* oikonomische und chrematistische Kompetenz umfasst. Zweitens vertritt er die These, dass chrematistische Ambitionen mit der *aretê* konfligieren, weshalb – so Schriefl – Platon die bekannten und strengen Besitzregeln in der *Politeia* aufgestellt hat.

Johannes Unholtz behandelt die zweite Schrift Xenophons, den *Oikonomikos*. Sein Augenmerk richtet sich auf den Oikos-Vorstand, den er anhand eines bestimmten Textausschnitts als einen dem Gewinnstreben verpflichteten Unternehmer charakterisiert. Auch in diesem Beitrag begegnet dem Leser eine erstaunlich aktuelle Frage ökonomischer Aktivität. Unholtz weist auf jene Passage hin, die davon handelt, wie abgewirtschaftete Ländereien aufgekauft und nach der Rekultivierung mit Gewinn verkauft werden. Unholtz präsentiert vier Merkmale, die den Oikos-Vorstand charakterisieren: das findige Nutzen von Gewinnchancen, das Innovieren, die gesamtverantwortliche Risikoübernahme und die Eigenschaft des Fachmanns für Effizienzsteigerung.

Die Philosophin *Magdalena Hoffmann* fragt in ihrem Beitrag, ob der tugendhafte Mensch bei Aristoteles als (politisches) Vorbild angesehen werden kann. Angelpunkt des Beitrags ist die Konzeption des tugendhaften Menschens als Normfigur, die aber Fragen nach ihrer Funktion offenlässt. In diesem Kontext diskutiert Hoffmann 1) die Vorstellung von einem nachahmenswerten Vorbild, 2) die Idee von der Verkörperung des damals herrschenden Ethos sowie 3) alternative Verständnismöglichkeiten.

Der zweite Teil des Bandes leistet in vier Beiträgen den Transfer antiker Ökonomik und Politik auf gegenwärtige Fragen. So vergleicht *Michael Hebenstreit* Normativitätskonzepte in der aristotelischen und in der neoklassischen Wirtschaftsphilosophie als Kritik zweiter Ordnung: Sein Startpunkt ist eine Kritik der wirtschaftsethischen Kritik an der Wirtschafts- und Gerechtigkeitskonzeption des Aristoteles. Angelpunkt der Kritik und des Vergleichs mit neoklassischer Wirtschaftstheorie sind dabei inhärente Normativitätskonzepte, wie er am Beispiel des wohlfahrtsökonomischen Konzepts des Pareto-Optimums ausführt.

Einen normativen Ansatz der Übertragung antiker Philosophie auf gegenwärtige Fragen liefert *Thomas Wachtendorf.* Ausgehend von Platons Lernparadox unterscheidet er zwischen Wissensanhäufung und Verstehen. Wachtendorf plädiert dafür, den Menschen als normative Kategegorie zu verstehen und diesen in das Zentrum von Wissenschaft, Wirtschaft und Politik zu stellen. Duch die Kontextualisierung von Wissen, das erst dadurch ‚verstanden' wird, wird eine sinnhafte Existenz erst möglich.

Im Beitrag des *Herausgebers* stehen die pseudo-aristotelischen *Oikonomika* im Fokus unter der Fragestellung einer Ethik der Existenzsicherung durch unternehmerisches Handeln. Die Frage des Unternehmerischen war und ist angebunden an die Frage nach der Legitimität von Profit. Ist die philosophisch auch von Aristoteles in der *Politik* und in der *Nikomachischen Ethik* verbreitete Ansicht die des guten Lebens als Ziel des Handelns, so rangieren parallel zwei Thesen, die sich aus der *Oikonomika* des Aristoteles ableiten lassen: 1. *Das Primat der Ökonomie über die Politik*; 2. *Der kategorische Profitiv,* der einen ausgeglichenen und gewinn-erwirtschaftenden Haushalt als Grundbedingung des ökonomischen und durch das Primat des Ökonomischen auch des politischen Lebens einfordert. In diesem praktischen Sinne ist es vielleicht weniger als Erkenntnis sondern vielmehr als Anerkennung zu verstehen, wenn Aristoteles darauf hinweist, dass in allen Wirtschaftsarten, besonders aber bei den privaten, zentral beachtet werden muss, dass die Ausgaben nicht größer werden als die Einnahmen (Oik. II, 1.6).

Schliesslich betrachtet *Matthias Gronemeyer* den Zusammenhang von natürlicher Freiheit und äusserlichem Besitz bei Aristoteles. Aristoteles' Überlegungen zur Sklaverei in Buch I der *Politik* sind von zentraler Bedeutung für sein Verständnis und den Aufbau seiner Ökonomie – und zwar insbesondere hinsichtlich seiner Konzeption von Besitz und Eigentum. Gronemeyer vertritt die These, dass der Schlüssel zu einer Herleitung eines Naturrechts auf Eigentum bei Aristoteles in seinen Überlegungen zur Naturgemäßheit der Sklaverei zu finden ist, da dort die Verbindung zwischen natürlicher Freiheit im Sinne eines Eigentumsrechtes an der eigenen Person und äußerlichem Besitz hergestellt wird.

Die acht Beiträge zeigen aus der Binnenperspektive der beteiligten Fächer exemplarisch die vielfältigen Möglichkeiten, die sich aus den antiken Quellen ergeben, Ökonomie und Politik in Fragestellungen zu behandeln, die über die Zeit aktuell sind. Auffällig an der thematischen Ausrichtung der Beiträge ist die Schwerpunktsetzung auf die Themen Staatsfinanzen und Unternehmertum. Die Beiträge gehen auf einen *Call for Papers* im

Rahmen des 3. Workshop der Arbeitsgemeinschaft „Praktische Philosophie" innerhalb der *Gesellschaft für Antike Philosophie* (GANPH) zurück (Leitung: Jörn Müller, Peter Seele und Marcel van Ackeren). Der Workshop zum Thema „Ökonomik und Politik in der antiken Philosophie" fand an der Universität Basel am 7. und 8. Mai 2010 statt und wurde finanziell unterstützt von der FAG Basel (*Freiwillige Akademische Gesellschaft*). Der Druck des Buches wurde ermöglicht durch einen Druckkostenzuschuss einerseits der *Gesellschaft für Antike Philosophie* sowie abermals durch die *Freiwillige Akademische Gesellschaft* aus Basel. Der Herausgeber dankt der FAG und hier insbesondere Frau Leonhardt sowie der GANPH und hier insbesondere dem Vorsitzenden Prof. Thomas Buchheim, dem Geschäftsführer Prof. Christoph Horn sowie dem Schatzmeister und stellvertretenden Geschäftsführer Prof. Jörn Müller.

Weiterer Dank für das gelungene Zusandekommen dieses Bandes gilt Prof. Kai Brodersen, dessen Ratschlag und Unterstützung für den Workshop und den Band nicht genug hervorzuheben ist und dessen Einsatz für die antiken Schriften zur Ökonomik (zusammen mit Gert Audring[6]) eine wesentliche Vorrausetzung für die weitere Bearbeitung der antiken Ökonomik in den verschiedenen Disziplinen darstellt. Ebenso dankt der Herausgeber Prof. Sitta von Reden und Prof. Renate Zoepffel für orientierenden Austausch zur Thematik der *Oikonomika*. Der Universität Basel gilt Dank für die Zustimmung, den Workshop im Ambiente des Senatsaals abhalten zu können. Ferner danke ich dem Basler Zentrum für Religion, Wirtschaft und Politik, dessen thematische Neugierde und institutionelle Offenheit Projekte wie dieses ermöglicht. Dr. Gertrud Grünkorn danke ich erneut für die gute Zusammenarbeit von Seiten des Verlages Walter de Gruyter. Nicht zuletzt danke ich den Autoren dieses Bandes für die Beiträge und deren Offenheit, die Verbindungen von Ökonomik, Politik und Ethik in der Praktischen Philosophie der Antike zu thematisieren.

Lugano/Basel im Juni 2011 *Peter Seele*

6 G. Audring; K. Brodersen. Oikonomika: Quellen zur Wirtschaftstheorie der griechischen Antike. Darmstadt 2008.

Inhalt

Einleitung: Die praktische Philosophie in der Antike und ihre Bedeutung für die Gegenwart

Jörn Müller

I

Die Unterscheidung zwischen theoretischer und praktischer Philosophie, die heute in der institutionellen Struktur des akademischen Fachs in vielfacher Form sedimentiert ist (in alten und neuen Studienordnungen ebenso wie z. B. in der Denomination von Lehrstühlen) verdankt sich – wie so vieles in unserer Disziplin – der Antike. Trotzdem wäre es ein vorschneller Schluss, davon auszugehen, diese Differenzierung sei „so alt wie die Philosophie selbst": In der vorsokratischen Philosophie spielt sie zumindest in den uns erhaltenen Quellen keine explizite Rolle. Während die vorsokratischen *physiologoi* nahezu durchgängig über die Struktur der Wirklichkeit und ihres Prinzips (*archê*) in toto nachdenken – also modern gesprochen: Kosmologie und Ontologie, mithin theoretische Philosophie betreiben –, könnte man Sokrates als den ersten genuin „praktischen Philosophen" beschreiben: Nach dem Zeugnis von Cicero war er es, der „die Philosophie vom Himmel herabholte, in den Städten heimisch machte und sie auch in die Häuser einführte; er zwang sie, über das Leben und die Sitten sowie über die guten und die schlechten Dinge Nachforschungen anzustellen".[1] Das Leitmotiv des sokratischen Philosophierens, die therapeutische Sorge um die Seele (*epimeleia tês psychês*)[2] – die eigene wie die seiner Mitbürger – ist jedenfalls eine mindestens im weiteren Sinne des Wortes als „praktisch" einzustufende Motivation.

Trotzdem ist auch damit der Unterschied zwischen theoretischer und praktischer Philosophie nicht wirklich etabliert, wofür noch das plato-

---

1 Cicero, *Tusculanae disputationes* V, 4, 10: Socrates autem primus philosophiam devocavit e caelo et in urbibus conlocavit et in domus etiam introduxit et coegit de vita et moribus rebusque bonis et malis quaerere." Schon Aristoteles verweist auf Sokrates als den ersten, „der sich mit den ethischen Gegenständen beschäftigte" (*Metaphysik* I 6, 987b 1–2).

2 Vgl. Platon, *Phaidon* 107b-c.

nische Dialogwerk ein deutliches Zeugnis ablegt: Auch wenn wir heute die Dialoge teilweise einer der beiden Seiten zurechnen können (so z. B. den *Gorgias* der praktischen, den *Parmenides* der theoretischen Philosophie usw.), zeigt die *Politeia* die Fragwürdigkeit einer solch eindeutigen Zuordnung: Ausgangspunkt ist dort die (praktische bzw. politische) Frage nach der Gerechtigkeit, Herzstück des Werks ist indes die platonische Ontologie und Epistemologie der drei berühmten Gleichnisse (Sonne, Linie, Höhle), welche die Grundpfeiler seiner theoretischen Philosophie in Gestalt der Ideenlehre bilden. Die platonische Idee des Guten ist nicht nur höchster theoretischer Erkenntnisgegenstand sondern auch letzter Normierungsgrund aller menschlichen Praxis. Die Annahme einer Trennung von Theorie und Praxis bei Platon wirkt deshalb immer etwas artifiziell, wenn nicht gar anachronistisch.[3]

Wie viele wissenschaftstheoretisch bedeutsame Impulse geht die thematische Einführung der Unterscheidung von theoretischer und praktischer Philosophie letztlich auf Aristoteles zurück. Im Zentrum dieser Differenzierung steht dabei der jeweilige Gegenstand der Betrachtung: Die theoretische Philosophie hat es mit unveränderlichen und ewigen Dingen zu tun oder zumindest mit solchen, die sich in so gut wie allen Fällen auf die gleiche Weise verhalten. Die Konstanz ihrer Gegenstände bürgt dann auch für die wissenschaftliche Exaktheit der sie untersuchenden Wissenschaften. Im Kontrast dazu steht im Fokus der praktischen Wissenschaften das menschliche Handeln (und ggf. seine Produkte[4]), das eben nicht notwendig, sondern aufgrund der involvierten

3 Was allerdings nicht heißt, dass man sie nicht als heuristische Folie verwenden kann, um die Texte gezielt und in systematischer Absicht auszuwerten. Ähnliches gilt auch für die Betrachtung der Philosophie Platons im Lichte verschiedener Disziplinen (wie Ontologie, Ethik, Psychologie, Naturphilosophie, etc.), wie sie z. B. in C. Horn/ J. Müller/ J. Söder, Platon-Handbuch. Leben – Werk – Wirkung, Stuttgart 2009, 101–251, angestellt wird. Diese Systematik passt wesentlich besser zu Aristoteles, kann aber natürlich dennoch zu Untersuchungs- und Darstellungszwecken auf Platon angewandt werden.

4 Hier müsste man im strikten Sinne zwei Formen menschlicher Tätigkeiten unterscheiden, die Aristoteles auch selbst terminologisch voneinander abgrenzt (vgl. *Nikomachische Ethik* VI 4): Während *poiêsis* auf eine Herstellung abzielt und damit ein jenseits der Tätigkeit selbst liegendes Produkt hat (Bsp.: Hausbau), ist *praxis* nicht auf ein weiteres Ziel bzw. einen außerhalb der Tätigkeit liegenden Zweck hin finalisiert (Bsp.: Tanzen). Eine aristotelische Wissenschaftsunterteilung muss also eigentlich eine Dreiteilung von theoretischer, praktischer und poietischer Wissenschaft (unter die dann z. B. seine *Poetik* und jede andere Form von „Kunstwissen" – *technê* – fällt) vorsehen. Der moderne Rekurs auf Aristoteles

freien Entscheidung in hohem Grade variabel ist und deshalb auch keine der Mathematik vergleichbare Genauigkeit zulässt.[5] Eine weitere Differenz besteht darin, dass praktische Philosophie das Handeln nicht nur zum Gegenstand hat, sondern auch mit einer praktischen Absicht betrieben wird: „Ziel der politischen Untersuchung ist ja nicht das Erkennen (*gnôsis*), sondern das Handeln (*praxis*)."[6] Aristoteles' Kritik an Platons Idee des Guten in *Nikomachische Ethik* I 4 macht unzweifelhaft deutlich, wo er das kardinale Problem der Philosophie seines Lehrers gesehen hat: in der nicht hinreichend geleisteten Differenzierung von Theorie und Praxis, die er selbst in Gestalt der inhaltlichen und methodischen Unterscheidung von theoretischer und praktischer Philosophie liefert.

Man sollte allerdings die Tragweite der so etablierten Differenz auch nicht überdehnen: Aristoteles will mit dem Hinweis auf den durch die Konstanz der Gegenstände bedingten unterschiedlichen Grad an Exaktheit keineswegs insinuieren, dass die praktische Philosophie nicht im Vollsinne des Worte als Wissenschaft zu betrachten sei; dagegen spricht schon, dass alle Verstandestugenden, also auch die für menschliches Handeln relevanten Tugenden der Kunstfertigkeit (*technê*) und Klugheit (*phronêsis*) letztlich auf die Wahrheit (*alêtheia*) als oberstes Ziel aller menschlichen Erkenntnisbemühungen zielen.[7] Strukturanalog zum Konzept der theoretischen Wahrheit etabliert Aristoteles dementsprechend die Idee einer *alêtheia praktikê*, die es im Handeln zu treffen gilt.[8] Praktische Philosophie ist also auch Wissenschaft, aber eben eine praktische, die man eher als eine „Umrisswissenschaft" zu sehen hat, die es

---

geht aber meistens über diese Unterscheidung hinweg und schlägt die poietischen Wissenschaften tendenziell der praktischen Philosophie zu.

5 Vgl. Aristoteles, *Nikomachische Ethik* I 1, 1094b 11–22.

6 *NE* I 1, 1095a 5–6. Vgl. auch *NE* II 1, 1103b 27–28: „[W]ir betrachten die Tugend nicht, um zu wissen, was sie ist, sondern um tugendhaft zu werden."

7 Vgl. *NE* VI 2–3, 1139b 12–17.

8 Zur praktischen Wahrheit bei Aristoteles vgl. *NE* VI 2, 1139a 21–31. Sehr hellsichtige Ausführungen zur Verbindung dieses Konzepts mit der Lehre von den Verstandestugenden und dem praktischen Syllogismus liefert A. Vigo, Die aristotelische Auffassung der praktischen Wahrheit, in: Internationale Zeitschrift für Philosophie 2 (1998), 285–308; Praktische Wahrheit und dianoetische Tugenden bei Aristoteles, in: ders./ G. Damschen/ R. Enskat (Hg.), Platon und Aristoteles – sub ratione veritatis. Festschrift für Wolfgang Wieland zum 70. Geburtstag, Göttingen 2003, 252–285.

gerade mit dem sich nur in vielen Fällen (*hôs epi to poly*) – und nicht immer – gleichverhaltenden menschlichen Handeln zu tun hat.[9]

Die praktische Wissenschaft als „Philosophie der menschlichen Angelegenheiten“[10] umfasst bei Aristoteles nun elementar Ethik, Politik und Ökonomik (also „Hauswirtschaft“), insofern dies die drei zentralen Bereiche sind, in denen menschliches Handeln stattfindet. Aristoteles lässt dabei an der intrikaten Verknüpfung dieser Sektoren keinen Zweifel: Das Haus (*oikos*) wird von ihm als einer der konstitutiven Bestandteile der Polis charakterisiert,[11] die Ethik explizit als ein Teil der Politik gekennzeichnet.[12] Doch im Zeitalter des griechischen Hellenismus fokussiert sich die Aufmerksamkeit immer exklusiver auf eine dieser Disziplinen, nämlich die Ethik. Rein äußerlich ist das schon an der stoischen Einteilung der Wissenschaften sichtbar, die zunehmend an die Stelle der aristotelischen Unterscheidung von theoretischer und praktischer Philosophie tritt: Das Feld der Philosophie wird eingeteilt in Logik, Physik und Ethik.[13] Damit wird die Ethik immer mehr zu einer Art „pars pro toto“-Bestimmung für die praktische Philosophie als ganze, hinter der die Politik und Ökonomik weitgehend zurücktreten. Die Zahl entsprechender Schriften zur Staatskunde bzw. Haushaltslehre ist dementsprechend im Hellenismus tendenziell rückläufig.[14]

Diese äußerliche Entwicklung einer fortschreitenden Reduktion der praktischen Philosophie auf die Ethik hat allerdings auch einen sachlichen Kern, der seine Wurzel in der *Nikomachischen Ethik* des Aristoteles hat: die Fokussierung auf das Konzept des Glücks bzw. gelingenden Lebens (*eudaimonia*). Dessen fundamentale Bedeutung für die Philosophie als ganze ist in der hellenistischen Philosophie immer wieder akzentuiert worden,[15] bis hin zu ihrem „letzten Erben“ Augustinus, der stellvertre-

---

9 Vgl. zur Ethik als Wissenschaft, die umrissartig (*typô[i]: NE* I 1, 1094a 25 u. 1094b 20; X 10, 1179a 34) verfährt: O. Höffe, Praktische Philosophie. Das Modell des Aristoteles, Berlin ²1996, bes. Teil II.

10 Vgl. *NE* X 10, 1181b 15: *peri ta anthrôpeia philosophia.*

11 Vgl. Aristoteles, *Politik* I 2.

12 Vgl. *NE* I 1, 1093a 27–1094b 11.

13 Vgl. Diogenes Laertios, *Vitae philosophorum* VII, 39–41, sowie die weiteren Nachweise bei A.A. Long/ D.N. Sedley (Hg.), Die hellenistischen Philosophen. Texte und Kommentare, übers. v. K. Hülser, Stuttgart/Weimar 2006, 183 f.

14 Als signifikante Ausnahme ist allerdings mindestens Ciceros Schrift *De re publica* zu nennen, die an die klassische *Politeia*-Tradition von Platon und Aristoteles anknüpft.

15 Vgl. Cicero, *De finibus bonorum et malorum* V 86: „Jeglicher Einfluss der Philosophie beruht auf der Erlangung des glücklichen Lebens; denn wir sind alle durch

tend für viele konstatiert: „Da es aber für den Menschen keine andere Ursache zum Philosophieren gibt außer die, dass er glücklich wird, und was ihn dazu macht, eben das Endgut ist, bleibt als Ursache des Philosophierens nichts außer diesem Endgut. Was daher das höchste Gut nicht verfolgt, ist nicht philosophische Denkweise zu nennen."[16]

Philosophie wird immer mehr als Lebensform bzw. Lebenskunst verstanden, deren Inhalt und Aufgabe darin besteht, das der menschlichen Natur eingeschriebene Streben nach Glück zur Erfüllung zu bringen. In der hellenistischen Philosophie wird das zunehmend durch eine Form der Seelenleitung angestrebt, die auf der Ebene des Individuums angesiedelt wird.[17] Eine zentrale Rolle spielen dabei natürlich auch die Tugenden als Realisierungsinstanzen des glücklichen Lebens. Dass der später von Kant so harsch kritisierte Eudaimonismus in seiner auf den Einzelnen ausgerichteten Form in der antiken Philosophie zunehmend den Taktstock schwingt, ist jedenfalls ein Indiz für das graduelle Zurücktreten der sozialen, also der politischen und ökonomischen Dimension der praktischen Philosophie in den nachklassischen Perioden der Antike.

II

Blickt man nun auf die Wirkungsgeschichte der praktischen Philosophie der Antike im 20. Jahrhundert, so fällt auf, dass hier eine strukturell ähnliche Fokussierung (man könnte auch sagen: Verengung) des Blickwinkels vorherrscht. Die hauptsächlichen und am weitesten sichtbaren Spuren hat nämlich die Rezeption der antiken Ethik hinterlassen. Die zwei bedeutsamsten Strömungen seien nachfolgend zumindest kurz angesprochen:

(1) Erhebliche Impulse gehen seit mittlerweile einigen Jahrzehnten von der Renaissance der aristotelischen Ethik aus, v. a. in Gestalt der an sie anknüpfenden sog. Tugendethik (*virtue ethics*). Diese (in sich durchaus heterogene) moralphilosophische Richtung versteht sich als eine Art

---

den Wunsch entflammt, glücklich zu leben (*Omnis auctoritas philosophiae consistit in beata vita comparanda; beate enim vivendi cupiditate incensi omnes sumus*)." Vgl. auch die zahlreichen Traktate *„Peri eudaimonias"* (z.B. Plotins *Enneade* I 4) bzw. *„De beata vita"* (z.B. Seneca und Augustinus).

16 Augustinus, *De civitate Dei* XIX 1.

17 Vgl. P. Rabbow, Seelenführung. Methodik der Exerzitien in der Antike, München 1954.

konkurrierender dritter Weg in der Ethik neben den lange vorherrschenden Strömungen der kantischen Deontologie und des utilitaristischen Konsequentialismus. Dabei leistete, wie man am Beispiel von Margaret Anscombe (einer der Vorreiterinnen dieser Entwicklung) sehen kann,[18] die Aufarbeitung der aristotelischen Ethik eine zentrale Schrittmacherrolle. Ins Zentrum der Aufmerksamkeit rückt hier auch wieder der Begriff des Glücks, der zunehmend vom kantischen Eudaimonismus-Verdikt (Glück sei ein unbrauchbares Prinzip zur Grundlegung der Moral) befreit und als Ausgangspunkt der ethischen Reflexion revindiziert wird. Die philosophische Fruchtbarkeit der aristotelischen Ethik zeigt sich nicht zuletzt darin, dass sie sowohl von Vertretern universalistischer Entwürfe (z. B. Martha Nussbaum) als auch von ethischen Partikularisten (wie etwa Alasdair MacIntyre) in Anspruch genommen wird.[19] Einer breiteren Rezeption v. a. der aristotelischen Ethik im deutschen Sprachraum war auch die in den siebziger Jahren programmatisch betriebene „Rehabilitation der praktischen Philosophie" förderlich.[20]

(2) Dazu treten in den letzten Jahren verstärkt Rekurse auf die hellenistische Ethik und ihre Auffassung der Philosophie als Lebenskunst, wie sie systematisch in den Arbeiten von Wilhelm Schmid entwickelt worden sind: Diese gehen letztlich zurück auf Impulse im Spätwerk von Michel Foucault, der im Blick auf antike Techniken der „Selbstgestaltung" die Neubegründung einer Philosophie der Lebenskunst im Anschluss an die antike Idee der Philosophie als Lebensform in Angriff genommen hatte.[21] Hier hat v. a. die Philosophie

18 Vgl. G.E.M. Anscombe„ „Modern Moral Philosophy", in: Philosophy 33 (1958), 1–19.

19 Zu dieser Unterscheidung von partikularistischen und universalistischen Anknüpfungen an die aristotelische Ethik vgl. J. Müller, Glück und menschliche Natur. Aristoteles' eudaimonistische Tugendethik, in: ders./ H.-G. Nissing (Hg.), Grundpositionen philosophischer Ethik. Von Aristoteles bis Jürgen Habermas, Darmstadt 2009, 23–52, hier: 47–50.

20 Vgl. M. Riedel (Hg.), Rehabilitation der praktischen Philosophie, 2 Bde., Freiburg, 1972/74.

21 Vgl. M. Foucault: Die Sorge um sich, Frankfurt a.M. 1986; ders.: Technologien des Selbst, Frankfurt a.M. 1993; W. Schmid: Philosophie der Lebenskunst. Eine Grundlegung, Frankfurt a.M. 1998 u. ö. Zur Philosophie als Lebensform in der Antike vgl. die grundlegenden Arbeiten von P. Hadot, v. a.: Philosophie als Lebensform. Antike und moderne Exerzitien der Weisheit, Frankfurt a.M. 2002.

der Stoa stilbildend Pate gestanden.[22] Mit besonderem Blick auf die praktische Philosophie lässt sich jedoch vermerken, dass hier an die Stelle der Idee einer *praktischen* Selbstverwirklichung eher die Konzeption einer *poietischen* Selbsterschaffung tritt, bei welcher das Subjekt sich in einer Art „creatio ex nihilo" selbst hervorbringt.[23] Während in der modernen Philosophie der Lebenskunst (letztlich in Anknüpfung an Nietzsche) hierbei eine ästhetische Perspektivierung im Vordergrund steht – das Leben als Kunstwerk – geht es in der Antike um einer moralische Umgestaltung des Selbst. Doch auch wenn antike und moderne Lebenskunst sich vielleicht grundlegender voneinander unterscheiden, als dies ihre gegenwärtigen Verfechter wie auch ihre Kritiker wahrnehmen,[24] ist hier auf jeden Fall eine nachhaltige Rezeption bzw. Wirkung der praktischen Philosophie der Antike auf die Gegenwart festzustellen.

Die wirkungsgeschichtliche Bilanz für die beiden anderen Zweige der praktischen Philosophie in der Antike, Politik und Ökonomik, stellt sich im 20. Jahrhundert hingegen eher mager bzw. „durchwachsen" dar. Die politische Philosophie Platons erfuhr eine stark „negative" Rezeption, insofern sie von Popper unter Totalitarismus-Verdacht gestellt wurde.[25] Auch diese vermeintliche „Entzauberung" Platons hat dem langlebigen politischen Platonismus zwar nicht komplett das Wasser abgegraben, wie etwa das Beispiel von Leo Strauss und seinen Schülern zeigt;[26] bei näherer Betrachtung ist dieser Einfluss aber doch oft eher politischer als philosophischer Natur gewesen. Auch der aristotelischen Politik kann man zwar eine „subkutane" Wirkmächtigkeit in der politischen Philosophie

22 Vgl. W. Schmid, Philosophie der Lebenskunst (cf. Anm. 21), 31: „Ihren Höhepunkt erreicht die antike Philosophie der Lebenskunst in der Stoa."

23 Damit verfehlt die moderne Lebenskunstphilosophie gewissermaßen die für Aristoteles wichtige, bereits oben in Anm. 4 erläuterte Unterscheidung von „herstellender" *poiêsis* und sich in der Tätigkeit selbst realisierender *praxis*.

24 Vgl. hierzu die kritischen Anmerkungen von Theo Kobusch, Apologie der Lebensform, in: Allgemeine Zeitschrift für Philosophie 34 (2009), 99–115, der die Unterschiede klar akzentuiert, welche die antike Lebensformphilosophie sowie ihre Fortsetzung im Mittelalter von der modernen Philosophie der Lebenskunst trennen.

25 K. Popper, Die offene Gesellschaft und ihre Feinde, Bd. 1: Der Zauber Platons, Bern 1957 (engl. 1945).

26 Vgl. exemplarisch: L. Strauss, Studies in Platonic Political Philosophy, Chicago 1983. Zur Tradition des politischen Platonismus vgl. neuerdings die Beiträge in A. Eckl/ C. Kauffmann (Hg.), Politischer Platonismus, Würzburg 2008.

des 20. Jahrhunderts nicht absprechen, wie jüngere Arbeiten zeigen.[27] Ein exemplarisches Beispiel wie das von Martha Nussbaum zeigt jedoch, dass auch hier häufig eher die aristotelische Ethik formativen Einfluss hatte: Nussbaums „aristotelischer Sozialdemokratismus“ beruht v.a. auf der produktiven Aneignung und Transformation der drei Prinzipien der Ethik des Aristoteles: Glück, Tugend und (menschliche) Natur im Rahmen ihres Fähigkeitenansatzes (*capabilities approach*), während die politische Philosophie des Stagiriten selbst eher subsidiär ins Spiel kommt.[28] Arbeiten, welche die politische Philosophie von Aristoteles für den gegenwärtigen Diskurs wieder anschlussfähig machen möchten, finden sich ebenso selten wie für Platon. Das heißt nicht, dass nicht auch grundlegende Arbeiten zur antiken politischen Philosophie erschienen sind,[29] aber diese sind doch meist eher Interpretationen als fruchtbare Aneignungen mit Blick auf die aktuelle Politik bzw. politische Philosophie.

Dies gilt mutatis mutandis auch für die antike Ökonomik. Diese scheint erst recht dem oft im Bereich der politischen Philosophie geltend gemachten Vorbehalt zum Opfer zu fallen, dass unter den Bedingungen der Moderne antike Denkmuster einfach obsolet sind: Ebenso wenig, wie unsere heutigen Staaten wirklich noch mit den antiken Poleis vergleichbar seien, könne man die gegenwärtige globale *economy* noch mit der „Hauswirtschaft“ der Antike abgleichen. Auch wenn jüngst eine Übersetzung des 2. Buches der (pseudo-)aristotelischen *Oikonomika* von Kai Brodersen (unter dem nach Ratgeberliteratur klingenden Titel: „77 Tricks zur Steigerung der Staatseinnahmen“) in Einleitung und Klappentext mit der Idee wirbt, gerade in Zeiten knapper Kassen könne ein Blick in die „Trickkiste einer längst vergangenen Zeit“ durchaus erfrischend sein[30] (in Zeiten der globalen Wirtschaftskrise gibt es da sicherlich keine Tabus), muss man konstatieren: Von einer nachhaltigen Rezeption

---

27 Vgl. T. Gutschker, Aristotelische Diskurse. Aristoteles in der politischen Philosophie des 20. Jahrhunderts, Stuttgart 2002. Siehe hierzu auch meine Rezension in: Philosophisches Jahrbuch 110 (2003), 140–143.

28 Vgl. M. Nussbaum, Gerechtigkeit oder Das gute Leben, hg. v. H. Pauer-Studer, Frankfurt a.M. 1999; zu Nussbaums Anknüpfung an Aristoteles vgl. insgesamt: J. Müller, Physis und Ethos. Der Naturbegriff bei Aristoteles und seine Relevanz für die Ethik, Würzburg 2006, 147–162.

29 Ich denke hier z.B. an: G. Bien, Die Grundlegung der politischen Philosophie bei Aristoteles, Freiburg u.a. ^{2}1985.

30 Aristoteles, 77 Tricks zur Steigerung der Staatseinnahmen. Oikonomika II, übers. u. hg. v. K. Brodersen, Stuttgart 2006, 9.

oder Wirkung der antiken Ökonomik ist man in der Gegenwart noch viel weiter entfernt als in Sachen Politik bzw. politische Philosophie.

So bleibt, dass als Antwort auf Fragen im Stile von: „Kann man heute noch etwas anfangen mit der Antike?“ für die praktische Philosophie meist nur die Ethik herangezogen wird.[31] Dabei könnte man hier doch scheinbar mit gleichem Recht die im letzten Absatz gegen eine Aktualisierung der antiken Politik und Ökonomik herangezogene Argumentation auffahren: Sind nicht auch die Bedingungen des individuellen Handelns und Lebens für moderne Menschen so divergent gegenüber den in der Antike vorherrschenden, dass eine Renaissance der Ethik inhaltlich ins Leere zu laufen droht? Hier herrscht jedoch bei vielen Ethikern eine gewissermaßen revisionistische Auffassung vor, die Bernard Williams einmal in folgende Formulierung gekleidet hat:

> "My conclusion is that the demands of the modern world on ethical thought are unprecedented, and the idea of rationality embodied in most contemporary moral philosophy cannot meet them; but some extension of ancient thought, greatly modified, might be able to do so."[32]

Hier wird also diagnostiziert, dass der ethische Diskurs der Gegenwart in eine Sackgasse geraten ist, aus der er aufgrund eigener Blickverengungen keinen Ausweg mehr zu finden vermag, so dass er auch den gesellschaftlichen Anforderungen nicht mehr genügen kann. Die Rückbesinnung auf die antike Ethik wird dabei nicht als anachronistischer Missgriff, sondern als die vielleicht einzig verbleibende Chance gesehen, den Engführungen der gegenwärtigen Debatte zu entkommen und neue, erfolgversprechende Strategien zur Überwindung dieser krisenhaften Situation zu entwickeln.

Die Frage, die sich dem Betrachter nun aufdrängt, ist natürlich, warum man diese Idee nicht auf den gesamten Kompetenzbereich der praktischen Philosophie ausdehnen sollte: Könnte die Diagnose und damit auch die angedachte Therapie für Politik und Ökonomik nicht ähnlich lauten? Warum sollte hier ein Rekurs auf antike Denkmodelle per se unbrauchbar sein?

---

31 Vgl. z.B. T. Buchheim/ H. Flashar/ A.H. King (Hg.): Kann man heute noch etwas anfangen mit Aristoteles?, Darmstadt 2003: Die beiden der praktischen Philosophie gewidmeten Beiträge von O. Höffe und C.C.W. Taylor heben v.a. auf die aristotelische Ethik ab.

32 B. Williams, Ethics and the Limits of Philosophy, London 1985, v.

III

Genau dieser Frage bzw. diesem Anliegen widmet sich der vorliegende Band, indem er Beiträge zur Interpretation der antiken Politik und Ökonomik mit solchen vereint, die ihre aktuelle Bedeutung und Relevanz thematisieren. Damit wird zugleich ein Korrektiv für die seit hellenistischer Zeit bis in die Gegenwart immer wieder spürbare Reduktion der praktischen Philosophie auf den Bereich der Ethik etabliert. Hinzu kommt, dass durch den gewählten interdisziplinären Ansatz, bei dem z. B. in Gestalt von Prof. Gert Audring auch hochrangige althistorische Fachkompetenz zu Wort kommt, manche „philosophische Blickverengung" vermieden wird. Dies zeigt am Deutlichsten das Beispiel Xenophons, der in diesem Band in zwei Beiträgen behandelt wird: Ebenso wie dessen philosophischer Quellenwert für die Philosophie des Sokrates – in seinen *Memorabilia* und der *Apologie* – meist zu Gunsten des *Corpus Platonicum* marginalisiert wird (und ihm oft in einem Atemzug auch eigenständige philosophische Qualitäten weitgehend abgesprochen werden), tendieren Philosophen und Philosophiehistoriker auch dazu, seine *Oikonomika* in ihrer Bedeutung für die praktische Philosophie der Antike zu unterschätzen oder gar vollständig zu ignorieren.

Die mit dieser Publikation verfolgten Intentionen decken sich auf diese Weise vollauf mit dem, was Marcel van Ackeren und mich vor gut drei Jahren dazu veranlasst hat, einen eigenen Arbeitskreis „Praktische Philosophie" innerhalb der *Gesellschaft für antike Philosophie* (GANPH) ins Leben zu rufen: Es geht uns darum, die praktische Philosophie der Antike in ihrer vollen thematischen Breite auf interdisziplinärer Basis zu diskutieren und dabei nach Möglichkeit auch ihre Relevanz für die Philosophie der Gegenwart aufzuzeigen. Diesem Zweck sind v. a. kleinere Tagungen gewidmet, von denen mittlerweile schon fünf stattgefunden haben: (1) im Oktober 2008 in Würzburg; (2) im Oktober 2009 in Köln; (3) im Mai 2010 in Basel; (4) im Oktober 2010 in Göttingen; (5) Mai 2011 in Paris. Diese Treffen sind gewissermaßen einer der Motoren, der die Erforschung der praktischen Philosophie in der Antike innerhalb unserer Gesellschaft auch außerhalb der alle drei Jahre stattfindenden „großen" Kongresse vorantreibt und v. a. auf eine kontinuierliche Basis stellt.

Ich möchte mich, auch im Namen des gesamten GANPH-Vorstands, hier noch einmal herzlich bei allen lokalen Organisatoren und Teilnehmern dieser Treffen des GANPH-Arbeitskreises „Praktische Philosophie" bedanken, an erster Stelle natürlich bei Prof. Peter Seele, dessen

Engagement auch der vorliegende Sammelband zu verdanken ist. Dieser ist mit seinen gehaltvollen Beiträgen m. E. hervorragend dazu geeignet, die antike Politik und Ökonomik aus ihrem systematischen „Nischendasein“ im philosophischen Gespräch zu befreien, so dass man sich eine umfangreiche Leserschaft für ihn nur wünschen kann. Der interdisziplinäre Zuschnitt des Bandes spiegelt zugleich die fruchtbare Pluralität der Zugänge zur antiken Philosophie wider, die sich auch in der GANPH findet, in der Philosophen bzw. Philosophiehistoriker, Klassische Philologen und Althistoriker im regen Austausch miteinander stehen.

I.
Ökonomik, Politik und Ethik in der antiken Philosophie

Wie kann man Xenophons Schrift über die Staatseinkünfte (*Poroi*) gerecht werden?

Gert Audring

Zur Mitte des 4. Jh. v. Chr. hatte sich der 2. Attische Seebund wegen schwerer athenischer Übergriffe weitgehend aufgelöst und ließ sich auch im Bundesgenossenkrieg der Jahre 357 bis 355 nicht wiederherstellen. Zudem griffen die Perser ein und nötigten Athen, auf die gewohnte hegemoniale Politik zu verzichten. Weil damit die Vorteile entfielen, die die Athener aus der Vorherrschaft im Seebund gezogen hatten und die nicht zuletzt den Ärmeren unter ihnen zugute gekommen waren, mußte Athen sein Vorgehen neu bestimmen. Das hatte der Redner Isokrates bereits kommen sehen und in einer Prunkrede, dem *Panegyrikós* (or. 4), und in der Rede über den Frieden (or. 8) eine moralisch einwandfreie Staatsführung angemahnt und die guten alten Zeiten heraufbeschworen, da die Reichen noch den Armen beigestanden hatten.

Damals, wahrscheinlich im Jahre 355/354, kurz vor Ende seines bewegten Lebens, griff auch Xenophon, der bekennende Schüler des Sokrates, Militärexperte und erfahrene Haushaltsvorstand, noch einmal zum Schreibrohr, um den Athenern einen Ausweg aus der Krise vorzuschlagen. Er verfaßte die *Póroi*, wie der griechische Haupttitel der Schrift lautet.

Póros meint den ‚Weg' oder den ‚Übergang'. Im übertragenen Sinne bedeutet das Wort Hilfsmittel und sogar Geldquelle. Der Plural *póroi* in Verbindung mit dem Genitiv Plural *chrēmátōn* (‚Geld') taucht im Zusammenhang mit staatlichen Geldeinkünften auf (zuerst Dem. 18, 309). Xenophon will also ‚Mittel und Wege' zeigen, wie sich der athenische Staat auf neue Art und Weise Geld verschaffen könne, um damit den ärmeren Bürgern zu helfen.

Die Versorgung der Bürger aus öffentlichen Mitteln hatte in den entwickelten Griechenstaaten bekanntlich Tradition und gehörte zum Wesen der Polis. So war es etwa in Athen bis zur Zeit des Themistokles üblich, Anteile des in Laurion geförderten Silbers an jeden Bürger auszugeben. In gelegentlichen Getreidespenden und der Verteilung von Opferfleisch an das Volk, in der staatlichen Aufzucht von Hinterbliebenen gefallener Kämpfer und der Zahlung von Unterhalt an Versehrte lebte diese Tradition auch unter demokratischen Verhältnissen fort.[1]

Vom Text der *Poroi* nun, der gerade einmal 20 Teubner-Seiten einnimmt, geht ein merkwürdiger Zauber aus; John Dillery, ein amerikanischer Xenophon-Experte, nennt ihn sogar „rätselhaft".[2]

Bevor ich Ihnen berichte, was ich zum Verständnis von Xenophons kleinem Werk bei anderen oder durch eigene Beschäftigung gefunden habe, sei sein Gedankengang kurz in Erinnerung gerufen. Am Anfang steht ein moralisch-ethischer Appell: Die athenischen Politiker, deren Taten nach Xenophons Überzeugung unweigerlich auf das Gemeinwesen abfärben, sollen auf die bisherige ungerechte Behandlung anderer Griechen verzichten. Künftig sollten sich die Athener aus *eigenen* Erwerbsquellen *erhalten* (*Poroi* 1,1). Das wäre am gerechtesten, und so würde nicht nur ihre Armut enden, sondern auch das Mißtrauen der Griechen gegen sie.

Xenophon sieht also eine vordringliche Aufgabe darin, auf anständige Weise den *Lebensunterhalt* der ärmeren Bürger zu sichern. Er verwendet dafür das Verb *diatréphesthai*, ‚ernähren', ‚erhalten', und öfter noch das dazugehörige Substantiv *trophḗ*, zu Deutsch ‚Nahrung' und ‚Unterhalt'.

Um den Athenern die *eigenen* Erwerbsquellen vor Augen zu führen, geht Xenophon zunächst auf die, griechisch gesagt, *phýsis* des Landes ein (*Poroi* 1,2). Das ist methodisch dasselbe Verfahren wie in seinem Dialog *Oikonomikós*, wo der ideale Hausherr der noch unerfahrenen Gattin die ‚Fähigkeit des Hauses' zeigt (so wörtlich; der griechische Begriff ist hier *dýnamis*).

In den *Poroi* verweist Xenophon auf das milde Klima und die fruchtbaren Böden Attikas, auf die Schätze des umliegenden Meeres, also den Fischfang und die Salzgewinnung, sowie auf die reichen Vorkommen an Marmor und Silber. Auch liege Athen sehr günstig im Schnittpunkt der griechischen Verkehrsrouten, und zwar sowohl zu Wasser als auch zu Lande. Was man brauche, komme so bequem nach Athen. Außerdem störten keine Barbaren in der Nachbarschaft.

Zu diesen natürlichen Vorzügen der Stadt und ihres Hinterlandes sollen nach Xenophon weitere Maßnahmen treten. Obenan steht da, sich stärker um die in Athen ansässigen Fremden zu kümmern, die Metöken. Diese Leute sind tüchtig in ihren Geschäften und zahlen die Metöken-

---

1 André Andreades: Geschichte der griechischen Staatswirtschaft (München 1931, Nachdruck: Hildesheim 1965), 260–263.

2 Xenophon's Poroi and Athenian imperialismus, in: Historia 42, 1993, 1.

steuer. Xenophon schlägt vor, ihnen die bisher üblichen Kränkungen zu ersparen und sie auch nicht mehr als Schwerbewaffnete gemeinsam mit den Bürgern in den Krieg zu schicken. Sie sollten sich statt dessen ungefährdet um ihr Gewerbe kümmern dürfen. Auch sei es empfehlenswert, die Metöken an allem zu beteiligen, was Ehre und Ansehen verschafft. Dazu gehört, dass sie bei der Reiterei dienen dürfen. Ferner soll ihnen gestattet werden, bisher ungenutzte Grundstücke zu übernehmen und die darauf errichteten Häuser zu besitzen. Schließlich könne der Staat spezielle Metökenbetreuer einsetzen. All dies würde mehr vermögende Ausländer nach Athen locken und so die Einnahmen des Staates vergrößern.

Auch dem Fernhandel über See biete Athen viele Vorteile. Zuerst nennt Xenophon da die sturmsicheren Häfen. Dann aber verweist er auf etwas, das wir heute ein Alleinstellungsmerkmal nennen: Selbst wenn der Kapitän eines Handelsschiffs im Piräus keine geeignete Rückfracht fände, so führte er doch nach dem Verkauf seiner Güter das allseits hochgeschätzte attische Silbergeld mit sich, das beim Umtausch in die Münzen anderer Staaten jedenfalls Gewinn bringe.

In diesem Zusammenhang empfiehlt Xenophon noch, diejenigen Beamten zu belohnen, die für den Handel im Piräus zuständig sind und am schnellsten und gerechtesten die immer wieder vorkommenden Streitfälle entschieden. Das locke die Fernhändler genauso an wie – dies ein weiterer Vorschlag – die Aussicht auf eine Ehrenloge im Theater oder eine Einladung zum Gastmahl im Rathaus von Athen. Das Fazit hierzu lautet am Ende von Kap. 3: „Je mehr Menschen sich aber ansiedeln und herbeikommen, um so mehr wird offenbar ein- und ausgeführt, eingekauft und verkauft, Lohn verdient und Zoll bezahlt."

Soweit koste die Vermehrung der Einkünfte Athens nichts weiter als „menschenfreundliche Volksbeschlüsse und Sorgfalt" (*Poroi* 3,6). Alles weitere erfordere – wie wir Heutigen sagen würden – eine Investition. Xenophon benutzt hierfür den Begriff *aphormē*, den man, um anachronistischen Vorstellungen vorzubeugen, am besten übersetzt mit „Anfangsaufwand".

Denn *aphormaí* heißen die Mittel, die nötig sind, um ein Vorhaben zu beginnen; das Wort hängt zusammen mit *aphormán*, ‚aufbrechen', ‚losgehen'. Dieser Anfangsaufwand läßt sich nur beschaffen, wenn die Bürger (wörtlich, *Poroi* 3,7) etwas „herbeitrügen", griechisch *eisphérein*, wohinter der antike technische Begriff für eine außerordentliche Umlage in Notzeiten steht, die sogenannte *eisphorá*. Auch Fremde würden gewiß gern einen solchen Beitrag leisten, glaubt Xenophon, wenn man ihnen dafür Ehreninschriften in Aussicht stellte.

Der so entstehende Fonds solle nicht – wie früher – für riskante *äußere* Unternehmungen eingesetzt werden, sondern *„in der Polis"* (*Poroi* 3,10). Damit könnten für Schiffsherren, Kaufleute, Reisende und kleine Markthändler zusätzliche Unterkünfte und Verkaufsräume gebaut werden. Das schmücke die Stadt und bringe große Einkünfte (*próshodoi*, *Poroi* 3,13).

Schließlich solle die Bürgergemeinde „öffentliche Frachtschiffe" erwerben und vermieten (*Poroi* 3,14).

Mit dem 4. Kapitel, dem längsten der *Poroi*, kommt Xenophon dann auf sein wichtigstes Projekt zur Steigerung der Staatseinkünfte „aus eigenen Erwerbsquellen" zu sprechen: Er will den Silberbergbau im südlichen Attika ankurbeln, der zwar schon lange besteht, aber seit Jahrzehnten vernachlässigt ist.

Zu diesem Zwecke solle der Staat eigene Sklaven erwerben, „bis auf jeden Athener drei kämen" (*Poroi* 4,17). Sie würden an Privatleute vermietet (*Poroi* 4,19 f.) oder aber – um das Risiko auf breitere Schultern zu verteilen – an die zehn Unterabteilungen der Bürgerschaft, die Phylen (*Poroi* 4,30). Sowohl die Privatleute als auch die Phylen sollten diese Sklaven nach Silber schürfen lassen. Von jedem vermieteten Sklaven könne der Staat pro Tag einen Obolos als Reingewinn erwarten. Wenn also einmal die geplante Zahl von drei Sklaven pro Bürger erreicht wäre, erhielte jeder Athener täglich drei Obolen (*Poroi* 3,9 f.).

Weil Xenophon Bedenken gegen diesen kühnen Plan erwartet, nennt er drei Beispiele von Privatunternehmern, die früher auf dieselbe Weise und mit demselben Erfolg Sklaven an Grubenbetreiber vermietet hatten, und zeigt sich verwundert, dass der Staat ihrem Beispiel nicht längst gefolgt ist.

Auch müsse ja der Anfangsaufwand nicht mit *einem* Schlage getätigt werden, sondern könne schrittweise erfolgen (*Poroi* 4,33 ff.). Denn der erfahrene Haushalter Xenophon weiß, dass forcierter Herbergsbau teuer zu stehen kommen und schludrig erfolgen könne, und, wer viele Sklaven auf einmal kaufen wolle, gezwungen sei, „schlechtere zu nehmen und teurer zu kaufen".

Dem weiteren Einwand, all diese Maßnahmen seien nutzlos, sobald ein Krieg ausbreche (*Poroi* 4,41 ff.), begegnet er mit der Versicherung, die zahlreichen Sklaven könne man mit Erfolg auf den Schiffen und als Fußtruppen gegen den Feind einsetzen, „wenn man sie gut hält".

Dann (*Poroi* 4,49 ff.) kommt Xenophon noch einmal kurz auf sein wenigstens aus meiner Sicht eigentliches Thema zurück, die zu erwartenden Einkünfte: Nicht nur die Vermietung der Staatssklaven könne den Lebensunterhalt der Bürger mehren; auch die wachsende Zahl von Menschen im wiederauflebenden Bergbaugebiet rege die Markttätigkeit an, die Schmelzöfen und all die anderen Einrichtungen dort würden die Einkünfte wachsen lassen, ja eine *ganze Stadt* könne bei den Gruben neu entstehen, was wiederum die dortigen Grundstücke für ihre Eigentümer wertvoller mache.

Folgten die Athener Xenophons Ratschlägen, dann „würde der Staat nicht nur reicher an Geldmitteln, sondern auch disziplinierter, besser geordnet und kriegstüchtiger sein." (*Poroi* 4,52; damit wären wir wieder bei der politischen Moral der Eingangsworte). Denn es stünden dann etwa den Gymnasien mehr Unterhaltsmittel für die jungen Leute zur Verfügung, und den Militärdienstleistenden könnte für ihre Mühe etwas bezahlt werden.

Damit aber die athenischen Staatseinkünfte aus *eigenen* Quellen fließen können, muß nach Xenophon und aller Erfahrung Frieden herrschen. Gelingt es Athen, den Frieden zu sichern, zu welchem Zweck Xenophon noch vorschlägt, Friedensrichter für rivalisierende griechische Staaten einzuführen, dann würde Athen beliebter, die Griechen kämen zum Geschäftemachen öfter in die Stadt, die Armen hätten Lebensunterhalt im Überfluß, die Reichen würden entlastet, und, da ein „großer Überschuß" vorhanden ist (die aus Xenophons Schrift *Oikonomikos* wohlvertraute *periusía*), könne die Polis ihre Feste großartiger feiern, Tempel ausstatten und weitere Verbesserungen einführen (*Poroi* 6,1). Sogar die Wiedererlangung der Hegemonie Athens sei dann denkbar, allerdings einer geistigen und wirtschaftlichen, nicht einer politisch-militärischen, wie Hans Rudolf Breitenbach die leise Hoffnung Xenophons zutreffend wiedergegeben hat.[3]

Nach diesem Resümee stellt sich die im Titel des vorliegenden Beitrags erhobene Frage, wie man heute Xenophons Werk gerecht werden könne. Was die *ökonomische* Seite betrifft, die bei einem Text solcher Zielstellung durchweg aufs engste mit Xenophons politischem Anliegen verknüpft ist, so hat die Fachwelt, sofern sie sich überhaupt der kleinen Schrift zuwandte, ganz unterschiedlich geurteilt. Im 19. Jh. nahm man die *Poroi* gewissermaßen direkt beim Wort und kam so zu selbst-

3 Art. Xenophon von Athen, in: Paulys Realencyclopädie der classischen Altertumswissenschaft IX A 2, Stuttgart 1967, Sp. 1754.

bewußt ausgesprochenen, ziemlich einfühlungslosen Urteilen. Adolph Heinrich Christian etwa meinte 1830 einleitend zu seiner Übersetzung: Wenn man die Vorschläge der *Poroi* befolgt hätte, wäre Athens Untergang die sichere Folge gewesen; das „drohende Verderben" hätte sich „beschleunigt", denn die Zahl der Metöken mußte schließlich die der Bürger übersteigen; auch hätte es viel zu viele Sklaven gegeben in dem Falle, dass die Gruben nicht das eingebracht hätten, was Xenophon verhieß.[4]

August Boeckh schrieb in seiner „Staatshaushaltung der Athener": „Unklares ist in dieser ganzen Darstellung nichts, aber unbegründet beinahe alles", und bescheinigte Xenophon, er erbaue mit seinem Projekt ein „Luftschloß".[5]

Jacob Burckhardt gar, man wagt es hier am Tagungsort Basel kaum zu sagen, wünschte sich, die *Poroi* dürften „dem greisen Xenophon abgesprochen" werden; unter dem Aspekt der Sicherheit Athens seien sie „töricht".[6]

Gewissermaßen als ein Nebenprodukt der Debatte um den Charakter des antiken Wirtschaftslebens, die so recht erst durch Karl Bücher und Eduard Meyer in Gang kam, herrschte dann etwa seit dem Beginn des 20. Jahrhunderts eine andere, mehr auf die ökonomischen Aspekte der *Poroi* orientierte Form des Aburteilens vor, verbunden mit einem unverkennbar modernisierenden Herangehen. Robert von Pöhlmann nannte „das ganze Projekt eine Utopie" Und weiter heißt es bei ihm:

> Die Voraussetzungen, von denen er (Xenophon, G. A.) ausgeht, die falsche merkantilistische Grundanschauung, als ob der Volksreichtum nur auf der Menge des Bargeldes beruhe, der Glaube, daß man an den Silberminen ein unerschöpfliches Patrimonium der Armut besitze, die ganz doktrinäre Anschauung, daß das Silber auch bei der stärksten Produktion an seinem Werte nichts einbüße, der naive Optimismus, mit dem auf die Beteiligung aller Kreise gerechnet wird ..., all das läßt keinen Augenblick darüber im Zweifel, daß wir es hier mit einer ideologischen Träumerei zu tun haben...„[7]

4 Xenophon's von Athen Werke, übers. v. A. H. Christian, Bdch. 11: Von den Staatseinkünften der Athener, Von der Reitkunst und Der Reitereibefehlshaber, Stuttgart 1830 (Griechische Prosaiker in neuen Uebersetzungen. Hg. v. G. L. F. Tafel/C. N. Osiander/G. Schwab, Bdch. 82), Zitat 1333.

5 Bd. I, 3. Aufl. Berlin 1886, 703 f., zu den Vorschlägen des 3. Kapitels der *Poroi*.

6 Griechische Kulturgeschichte I, (Ost-)Berlin o.J. (1956?), 146; letzteres wegen Begünstigung der Metöken, die vom Infanteriedienst loskommen sollen.

7 Robert von Pöhlmann: Geschichte der sozialen Frage und des Sozialismus in der antiken Welt (3. Aufl. München 1925) I 245.

Übertrieben hat auch Walter Schwahn, wenn er Xenophon den Glauben zuschreibt, „daß allein der Bergbau jedem Bürger ein arbeits- und sorgenfreies Leben sichern kann“, und ihm ein ganzheitliches Konzept der athenischen „Volkswirtschaft“ unterstellt.[8]

Dass Xenophon seinen Mitbürgern „ein arbeits- und sorgenfreies Leben sichern“ wollte, ist als übertriebene Vorstellung vom Staatsrentnertum der Polisbürger längst widerlegt: Die geplanten drei Obolen täglich waren nicht mehr als ein Unterhaltszuschuß. Sie setzen bei dem damaligen Preisniveau geradezu voraus, dass sich Xenophon den Bürger im Hafen, im Fremdengewerbe, im Handel und in leitenden Funktionen des Bergbaus tätig vorstellt, wie man das auch nachlesen kann im 4. Kapitel der *Poroi*, Paragraph 22. Und auch von *der* Wirtschaft *im Ganzen* will Xenophon nicht sprechen, sondern lediglich Maßnahmen zur Erhöhung der Staatseinkünfte vorschlagen.[9]

Eine weitere erwähnenswerte Stellungnahme findet sich in Hans Rudolf Breitenbachs großem Artikel über Xenophon in Pauly-Wissowas Realenzyklopädie.[10]

Er würdigt die *Poroi* insgesamt fair und klug, und da er eine säuberliche Einteilung bieten möchte, reiht er sie nicht unter die (nach seiner Begrifflichkeit) „sokratischen Schriften“ Xenophons ein, sondern unter die „pädagogisch-ethischen und technologischen“.

Allerdings fallen an diesem RE-Artikel die aus meiner Sicht unpassend modernen ökonomischen Begriffe auf. Breitenbach bezeichnet z. B. den von Xenophon für erforderlich gehaltenen Anfangsaufwand, griech. *aphormē*, unvermittelt als „Investitionskapital“ (Sp. 1759) und spricht in diesem Sinne ohne Umschweife von „Investitionen in der Volkswirtschaft“ (Sp. 1757). Der Zusammenschluß von Privatleuten, die gemeinschaftlich das Risiko der Grubenerschließung tragen könnten (*Poroi* 4,32), erinnert ihn sogar „an eine Art Aktiengesellschaft“ (Sp. 1759), und

8 Die xenophontischen Πόροι und die athenische Industrie im vierten Jahrhundert, in: Rheinisches Museum 80, 1931, 253–278.

9 So gegen Schwahn zu Recht Adolf Wilhelm: Untersuchungen zu Xenophons Πόροι, in: Wiener Studien 52, 1934, 18 ff.; es gehe vielmehr darum, die Polis insgesamt „einzurichten“ (oder ‚umzubauen‘, G. A.: *kataskeuastheisēs tēs póleōs*, Poroi 4,33) (32). Der Bergbau ist dabei allerdings der wichtigste künftige Erwerbszweig (34). Die Schrift will lediglich Maßnahmen zur Erhöhung der Staatseinkünfte vorschlagen (36); die Betätigung der Bürger wird dabei vorausgesetzt (37).

10 Wie Anm. 3; zu den *Poroi* Sp. 1753 ff.

in Xenophons Plan eines schrittweisen Vorgehens sieht er die Absicht, eine „Hochkonjunkturlage“ zu vermeiden (Sp. 1759).

Gabriella Bodei Giglioni schließlich sprach 1970 in ihrer Ausgabe der *Poroi* vom „dynamisch-‚kapitalistischen‘ Element“, auf das Xenophon in den *Poroi* unmißverständlich gesetzt habe.[11]

Und in Xenophons Bemerkung über das gute attische Silbergeld, das die Kaufleute im Falle mangelnder Rückfracht nehmen könnten, sah sie sogar den Beweis für den Niedergang der athenischen Industrie. Die Athener hätten keine Waren mehr anzubieten gehabt und daher auf ihr Silbergeld zurückgreifen müssen.[12]

Ich erwähne solche aus meiner Sicht wenig hilfreichen modernisierenden Interpretationen und Begriffe nicht, um zu denunzieren, sondern weil es hierbei um immer noch strittige theoretische Fragen geht, in letzter Konsequenz natürlich um den Charakter der antiken Ökonomie, und da können sich die Gemüter leicht einmal erhitzen.

Gegen solche aus Sicht des Verfassers dieser Zeilen anachronistischen Wertungen hat sich bekanntlich seit dem Auftreten von Johannes Hasebroek (1893–1957) in den 20er Jahren des vorigen Jahrhunderts zunehmender Widerstand geregt. Unter dem Einfluß von Éduard Will und Moses I. Finley mit allen seinen sowohl wertvollen als auch problematischen Resultaten ist dann Philippe Gauthier 1976 in einem Spezialkommentar zu den *Poroi* mit Recht gegen unzulässig modernisierende Interpretationen des Textes eingetreten. In diesem Sinne erklärte er aber mit fester Stimme in seinem Vorwort:

> Ich bin überzeugt …, dass Xenophon, als er die ‚Poroi‘ schrieb, überhaupt nicht daran dachte, politische Ökonomie zu treiben. Das Ziel war weder die ökonomische Wiedergeburt noch die Vermehrung der Produktivkräfte Attikas. Das Ziel war politischer, die Mittel fiskalischer Natur[13]

Aus meiner Sicht ebenso einseitig heißt es an anderer Stelle bei Gauthier: „Xenophon will die öffentlichen Kassen gefüllt sehen, er interessiert sich nicht für die ökonomische Entwicklung Athens.“[14]

Weil die in den *Poroi* geäußerten Vorschläge zunächst auf höhere Einkünfte des Staates zielen, meinte also Gauthier (wie übrigens auch

---

11 Xenophontis de vectigalibus, introduzione, testo critico, traduzione ed indici, Florenz 1970, XXV.

12 Bodei Giglioni LXXVI.

13 Un commentaire historique des *POROI* de Xénophon, Genf – Paris 1976, X, hier ins Deutsche übersetzt.

14 Gauthier 19.

schon der Hasebroek-Schüler Karl von der Lieck 1934[15]), der Begriff des ‚Fiskalischen' sei hilfreich, das Altertümliche an der Denkweise Xenophons zutreffend zu charakterisieren und so die in der Tat unpassenden Vergleiche des nach Xenophons Empfehlungen handelnden Staates mit einem neuzeitlichen Unternehmer auszuschließen. Natürlich ist auch dieser Begriff, sieht man einmal von seiner altrömischen Herkunft ab, ein neuzeitlicher. – Das ist eigentlich nicht weiter verwunderlich, denn andere als die modernen Termini stehen dem Althistoriker zunächst einmal nicht zu Gebote, will er nicht bloß die altgriechischen wiederholen. Aber wenn man sich schon neuzeitlicher Begriffe bedient, um einen Quellentext aus der Antike verständig und frei von Modernismen darzubieten, dann sollte man sie nach Möglichkeit spezifizieren. Und in diesem Falle muß man noch sagen: Wer vom Fiskalischen spricht, der setzt doch wohl ein Staatsbudget voraus. Obwohl den griechischen Staaten Idee und Praxis öffentlicher Einnahmen und Ausgaben nicht abgesprochen werden dürfen, gab es aber seinerzeit kein solches Budget.[16]

Für uns hat ferner der Begriff des Fiskalischen auch oft den Nebensinn: „auf das Vermögensinteresse des Staates ... übermäßig bedacht" sein.[17]

Das scheint mir mit Blick auf die *Poroi* nicht passend. Xenophon will zwar in der Tat, wie es Gauthier formulierte, „die öffentlichen Kassen gefüllt sehen", doch daraus mit ihm auch noch abzuleiten, er habe kein ökonomisches Ziel gehabt und sich nicht für die wirtschaftlichen Möglichkeiten Athens interessiert, macht doch wohl den Xenophon zu klein.

Gegen eine unzulässig modernisierende Auffassung der *Poroi* hat sich auch Eckhart Schütrumpf in seiner kommentierten Ausgabe und Übersetzung dieser Schrift von 1982 gewandt. Dazu griff er allerdings Gauthiers Rede vom fiskalischen Charakter des in den *Poroi* vorgetragenen Plans auf[18] und meinte ebenfalls, Xenophons Empfehlungen seien „allein im Hinblick auf die Staatseinnahmen" vorgetragen.[19]

Zu Recht stellt Schütrumpf dann aber klar, dass der athenische Staat nach Xenophons Vorschlägen nicht etwa Unternehmer, sondern „Ei-

15 Die xenophontische Schrift von den Einkünften, Diss. Köln 1933, 20. 37.

16 Wie Anm. 1, 390–397. Erst nach bestimmten Präzisierungen verwendet auch Andreades den Begriff des Budgets.

17 Großer Brockhaus VI, Leipzig 1930, s. v. „fiskalisch".

18 Xenophon, Vorschläge zur Beschaffung von Geldmitteln oder Über die Staatseinkünfte, eingel., hg. u. übers. v. E. Schütrumpf, Darmstadt 1982 (Texte zur Forschung, 38), 5.

19 Schütrumpf 8; ähnlich schon vorher auf derselben Seite.

gentümer von Produktionsmitteln" werden soll, die er vermietet, d. h. Sklaven und Frachtschiffe. Damit sieht er zutreffend den Staat in einem Teilbereich der Wirtschaft selber tätig werden.[20]

Von einer Kontrolle und Lenkung der Wirtschaft könne aber keine Rede sein.[21] Künftig sollen, so formuliert es Schütrumpf zugespitzt, nicht mehr die Bundesgenossen, sondern Sklaven ausgebeutet werden. Damit finde eine „einfache Umpolung von außen nach innen" statt, und dies sei „die tragende Idee der Poroi."[22]

Die aus meiner Sicht bisher beste Hilfe zum ökonomischen Verständnis der *Poroi* hat aber 1983 Alan Samuel geboten.[23]

Er ist der Auffassung, dass ihre wichtigsten Vorschläge (d. h. vor allem die Förderung von Ausländern und die Entwicklung eines Einkommens aus der Vermietung von Bergwerkssklaven) kein irgendwie bemerkenswertes ökonomisches Denken darstellen, sondern (dies mit Joseph Schumpeter) lediglich auf gesundem Menschenverstand beruhen.

Aber das *Vertrauen*, sagt Samuel dann, dass diese Vorschläge tatsächlich ihre Wirkung tun werden, dass die öffentlichen Einkünfte nicht von den Unwägbarkeiten des Krieges oder von schwankenden Steuereinnahmen oder von der Wohltätigkeit reicher Bürger abhängen dürfen, sondern stabilisiert werden können durch Einsatz eines Anfangsaufwands, der in verläßlicher Weise eine Rente hervorbringt – dieses Vertrauen beruht auf Annahmen, die man nur als ökonomische Theorie bezeichnen kann, mag diese Art von Theorie auch unscharf und nicht-technischer Art sein.[24]

Um sich gegen den Vorwurf der Übertreibung abzusichern, spricht aber Samuel auch klar aus, dass Xenophon die Staatseinkünfte vermehren will durch eine Steigerung *schon bekannter* Aktivitäten und eine bloße Ausweitung der *Basis*. Dies treffe selbst für den vielleicht ungewöhnlichen Plan der massenhaften Anschaffung von Staatssklaven zu.[25]

Dass Xenophon noch längst kein Wirtschaftstheoretiker heutigen Zuschnitts war, kann man m. E. auch an einigen anderen Punkten erkennen. So steht für ihn die Sicherung des Unterhalts *ärmerer Bürger* im Vordergrund; dem ordnet sich alles unter. Den damaligen Verhältnissen

20 Schütrumpf 9 f. 37 f.

21 Schütrumpf 11 f.

22 Schütrumpf 39.

23 From Athens to Alexandria: Hellenism and Social Goals in Ptolemaic Egypt, Lovanii 1983 (Studia Hellenistica, 26).

24 Samuel 23 f. Ebenso verhalte es sich mit Xenophons Interpretation der damals in Athen aktuellen Praxis; da werde uns echte ökonomische Analyse geboten.

25 Samuel 29.

entspricht offenbar auch, wie unbeschwert er mit sehr hohen Sklavenzahlen operiert, ohne sich über Effizienz und Intensivierung der Sklavenarbeit den Kopf zu zerbrechen. Ferner gehört zu den Zügen seines noch unentwickelten ökonomischen Denkens, dass Xenophons 3-Obolen-Plan mit *konstanten* Sklavenzahlen und *konstanten* Pro-Kopf-und-ProTag-Gewinnen rechnet und damit in seinem Denken und Handeln (ähnlich wie Aristoteles) auf *Stabilität* setzt, nicht auf ökonomisches Wachstum.[26]

Schließlich ist auch noch ein sprachliches Detail erwähnenswert, das natürlich mit dem Charakter des Textes als Denkschrift zusammenhängt: Xenophon benutzt für sein der Polis verordnetes Rezept nicht den am Haushalt, am *oíkos*, gewonnenen theoretischen Begriff der *oikonomía*, wie er das in seinem Dialog *Oikonomikos* mit Blick auf die unausgeschöpften Reserven von großen athenischen Haushaltungen tut, sondern zieht es vor, gegenüber seinen skeptischen Mitbürgern vielmehr konkret und anschaulich von den ‚Einkünften' (*prósodoi*) zu sprechen. Erst später und unter veränderten Verhältnissen, im ersten Buch der pseudoaristotelischen *Oikonomiká* (Kap. 6), sehen wir ganze staatliche Wirtschaftssysteme, d. h. das der Perser, das der Spartaner und das der Athener, unter den Begriff des *oíkos* und damit auch der *oikonomía* gestellt.

Bisher ist viel von Ökonomie oder gar politischer Ökonomie die Rede gewesen. Bei allem Für und Wider darum bleibt aber wenigstens aus meiner Sicht immer noch ein ungeklärter Rest. Man fragt sich: Woher bezieht Xenophon diese Gewißheit, diesen Optimismus, dass die Stadt mit Hilfe seines auf anständigen Erwerb setzenden Programms einen Ausweg aus der Krise finden werde?

Die Frage könnte einen Philosophen auf den Plan rufen, und der hat sich nun auch mit einem Aufsatz gefunden, der dem Verfasser dieser Zeilen vor einigen Monaten und noch anonym von der Redaktion der althistorischen Zeitschrift Historia zur Begutachtung zuging. (Deshalb können sich die folgenden Diskussionsbemerkungen nur auf diese Fassung beziehen und sind mit allem Vorbehalt niedergeschrieben; da den wenigsten Lesern diese Version zur Verfügung stehen dürfte, konnte auch auf die Angabe von Seitenzahlen verzichtet werden; ohnehin soll es nur um den gedanklichen Ansatz gehen.) Der Text ist mittlerweile zur Veröffentlichung angenommen worden und damit auch sein Autor bekannt: der mit antiken Texten vertraute Literaturwissenschaftler Stefan Schorn.

26 Samuel 29.

Schorn meint, wer die *Poroi* für einen fiskalisch oder wirtschaftspolitisch orientierten Traktat hält, der greife zu kurz. Er will ihnen vielmehr dadurch gerecht werden, dass er ihren Beziehungen zur Lehre des Sokrates nachspürt. Derart hat diesen Text m. W. bisher noch niemand geprüft, denn er wurde stets philosophischen Gehalts nicht verdächtigt. Aber natürlich ist seit alters der starke Einfluß sokratischer Ethik als allgegenwärtig in den zahlreichen pädagogischen Passagen von Xenophons Schriften gewürdigt worden. Dazu ist zunächst zu sagen, dass Schorn in diesem Zusammenhang vorsichtigerweise zu einem der so hilfreichen Bindestrichwörter greift und von „sokratisch-xenophontischer Theorie" spricht, sich also dessen wohlbewußt zeigt, dass unsere Belege für die Einwirkung des Sokrates auf seinen Schüler Xenophon sehr dürftig sind und dass wir – da ja Sokrates selbst nichts Schriftliches hinterlassen hat und Xenophon erst in jahrzehntelangem Abstand zu seiner Lehrzeit bei Sokrates schrieb – zu wenig in der Hand haben, um die Auffassungen des Meisters von denen seines Schülers zu scheiden. Man kann aber heute mit Klaus Döring sagen, Xenophon habe zwar unter dem Einfluß persönlicher Erinnerungen an seinen Lehrer gestanden, aber – wichtiger noch – eine immer reicher werdende sokratische Literatur benutzt und seinem Sokratesbild ‚ein ausgesprochen xenophontisches Gepräge' verliehen. Man erkenne dies z. B. daran, dass Xenophons Sokrates an Fragen der Strategie und der Landwirtschaft ein starkes Interesse zeige,[27] obwohl der doch, wie dies allerdings schon 1895 jemand zutreffend bemerkt hat, als ausgesprochener Städter weder am Landleben noch „an der Leitung grosser Gutswirtschaften" ein Interesse besaß.[28]

Genauer gesagt will Schorn die *Poroi* vor allem als Ausfluß der xenophontischen Theorie vom gerechten Herrscher gewürdigt wissen, der seine Untertanen zu gerechtem Verhalten führt. Diese Theorie finde sich vor allem in Xenophons *Memorabilien* und der *Kyropädie*, aber auch in anderen seiner Texte. Schorn erkennt ein analoges Denken in den *Poroi* und möchte zeigen, wie stark diese Schrift von *philosophischen* Annahmen ausgeht. Ja, Xenophon wolle geradezu den athenischen Staat im Sinne der sokratisch-xenophontischen Ethik umwandeln, d. h. bessern.

---

27 Sokrates, die Sokratiker und die von ihnen begründeten Traditionen, in: Hellmut Flashar (Hg.): Die Philosophie der Antike. Grundriß der Geschichte der Philosophie II/1, Basel 1998, 183.

28 Georg Vogel: Die Ökonomik des Xenophon. Eine Vorarbeit für eine Geschichte der griechischen Ökonomik, Diss. Erlangen 1895, 31 f. mit Anm. 3.

Um diesen Gedanken stark zu machen, spielt Schorn die bisher angestellten Überlegungen zum ökonomischen Programm der *Poroi* deutlich herunter. Er meint: „*Nach außen geben sich* die *Poroi* als finanz- und wirtschaftspolitische Denkschrift“, und: „Xenophon diskutiert in den Poroi zunächst und *scheinbar primär* eine Hebung des materiellen Wohlstands der Athener.“ (meine Hervorhebungen, G. A.) Die Schrift soll, wenn ich richtig verstanden habe, also vor allem den Weg zeigen, auf dem die materiellen Mittel entstehen, um Belohnungen an die Bürger zu vergeben. Denn Belohnungen sind nach Xenophon ein bewährtes Erziehungsmittel von Herrschern. Die *moralische* Besserung der Athener als Hauptziel wird dann diesen Belohnungen auf dem Fuße folgen.

Wenn Schorn aber den Akzent so entschieden auf die vermeintliche Hauptanstrengung Xenophons konzentriert, an seinen Athenern die sokratische Lehre von den Tugenden eines Staatsmanns, von der Gerechtigkeit und der Selbstbeherrschung zu exekutieren und damit das Gesamtkonzept der *Poroi* in den Bereich der politischen Utopie verweist, dann wird wenigstens aus meiner Sicht die praktisch-organisatorische und haushälterische Erfahrung Xenophons unterschätzt, die ihn bei allem pädagogischen Eifer stets auszeichnet. Schorn würdigt zwar, dass Xenophon, der Methode des Sokrates folgend, zunächst die starken Seiten Athens erkundet, philosophisch gesprochen die *dýnamis* des Landes; man erinnert sich seiner lobenden Eingangsworte über die natürlichen Reichtümer Attikas. Was dann aber Xenophon zu diesem Punkt so ausführlich vorträgt über die Reserven an Silbererz, über den Grubenaufschluss mit Sklaven usw., das mag zwar in der Tat auch zur Überredung der Bürger gedient haben und zweckoptimistisch sein. Jedoch hat er sicherlich über solche ‚harten' Standortfaktoren, wie wir das heute nennen, ganz anders nachgedacht als Sokrates.

So begrüße ich an Schorns Arbeit, dass sie die aus sokratischer Ethik gespeiste Seite von Xenophons Projekt eigens würdigt. Auch dies hilft, das Zeitgebundene an den *Poroi* besser zu verstehen. Aber ob nun, zugespitzt gesagt, die *Poroi* aus Breitenbachs Rubrik der „pädagogisch-ethischen und technologischen Schriften“ besser herausgelöst werden sollten und stattdessen den „sokratischen“ zuzuordnen sind, sei doch dahingestellt.

Zu einer einvernehmlichen Beurteilung des von Schorn herabgestuften ökonomischen Kerns der *Poroi* werden wir aber wohl erst dann gelangen, wenn sich neue Einsichten in das Wirken des athenischen Staatsmanns und Finanzexperten Eubulos ergeben sollten (um 405–330 v. Chr.). Ihm sagen ja einige Forscher nach, er habe die durch Xenophon beschworene Neuorientierung auf seine Weise und wenigstens zu Teilen in praktische Politik umgesetzt. Man erkenne dies an einem in den Quellen belegten Anwachsen der Einkünfte aus der Metökensteuer, an gewissen Ermutigungen für Händler und am Ausbau des Militärs.[29]

Bis es soweit ist, werden wir Xenophon vielleicht am ehesten im Sinne einer hübschen Beobachtung gerecht, die William E. Higgins 1977 notiert hat und die ich hier der Bequemlichkeit halber in deutscher Übertragung zitiere:

> Selbst wenn das nicht bewußt geplant war, so ist es doch erfreulich, dass die Poroi mit dem Wort *égō* (ich) beginnen und mit *pólei* (für die Stadt) enden. Dies ist möglicherweise das letzte Wort, das Xenophon geschrieben, und vielleicht das letzte Wort, das er veröffentlicht hat. Zweifellos ein Zufall, aber ein passendes Zusammentreffen.[30]

29 George Cawkwell: Eubulus, in: Journal of Hellenic Studies 83, 1963, 63 ff.; mehr dazu bei Joseph Nicholas Jansen: After Empire: Xenophon's Poroi and the Reorientation of Athen's Political Economy, Diss. University of Texas at Austin 2007.

30 William E. Higgins: Xenophon the Athenian: the Problem of the Individual and the Society of the Polis, Albany 1977, 142 f.

Platons Kritik am Gelderwerb

Die Kritik an den Sophistenhonoraren und die Besitzregeln in der *Politeia*

Anna Schriefl

Das gesamte Werk Platons ist von reichtumskritischen Thesen durchzogen: Platon kritisiert die Sophisten dafür, Geld von ihren Schülern zu fordern, er betont, dass Sokrates sein Leben in Armut verbringt, in der *Politeia* führt er Besitzregeln für Philosophen ein, die ein striktes Verbot von Gelderwerb beinhalten, und in den *Nomoi* verbietet er allen Bürgern von Magnesia, Handel zu betreiben oder einem bezahlten Handwerk nachzugehen – auf den heimlichen Besitz von Gold oder Silber steht sogar die Todesstrafe.

Ich möchte mich Platons radikaler Position in drei Schritten nähern. In einem ersten Schritt möchte ich auf die Ansicht eingehen, der zufolge Platon mit seiner Kritik einfach nur die damals übliche aristokratische Meinung wiedergibt (1). In einem zweiten Schritt sollen Platons eigene Begründungen für seine kritische Haltung rekonstruiert werden. Dabei geht es zuerst um seine Kritik an den Honoraren der Sophisten (2.1) und anschließend um seine Begründung für die Besitzregeln, die in der *Politeia* für die Philosophinnen und Philosophen gelten (2.2). In einem letzten Teil werde ich ein Problem skizzieren, das sich aus Platons Reichtumskritik für seine Vorstellung von menschlichem Gutsein (*aretê*)[1] ergibt (3).

---

1 Der griechische Ausdruck *aretê* lässt sich nicht adäquat ins Deutsche übersetzen. Die vormals verbreitete Übersetzung „Tugend" ist irreführend, weil sie suggeriert, dass mit dem Ausdruck eine spezifisch menschliche und dabei auch moralisch gefärbte Qualität gemeint sei. Tatsächlich steht *aretê* generell für Exzellenz, die auch einem Tier oder einem Werkzeug zugeschrieben werden kann. Die menschliche *aretê* wird ferner sowohl in der vorphilosophischen Literatur als auch bei philosophischen Autoren inhaltlich sehr unterschiedlich verstanden. Während bei Homer die *aretê* an die Attribute eines Heroen gebunden war, ist sie z. B. bei Sokrates eine vornehmlich seelische und näherhin intellektuelle Kompetenz, die darin besteht, den Gebrauch von an sich ambivalenten Dingen wie Reichtum und Gesundheit zu kennen. Einem Vorschlag von Peter Stemmer folgend werde

1. Gängige Meinung der Aristokraten oder revisionäre Reichtumskritik?

Platons reichtumskritische Thesen, besonders seine Kritik an den Honoraren der Sophisten und das berühmte Besitzverbot für Philosophinnen und Philosophen, das er in der *Politeia* einführt, hat seit der Antike zahlreiche Reaktionen hervorgerufen. Immer wieder wurde dabei die Vermutung geäußert, Platons Position drücke nichts weiter aus als die unter Aristokraten gängige Geringschätzung von Lohnarbeit und Gewinnstreben. Selbst der Platoniker Olympiodor äußert in seinem Kommentar zum *Ersten Alkibiades* unter anderem die Vermutung, dass Platon es sich aufgrund seines eigenen Reichtums habe leisten können, monetären Lohn abzulehnen (In Plat. I Alc. 119a = 141 Creuzer). Besonders Platons Kritik an den Honorar-Forderungen der Sophisten wird gerne mit einem generellen Vorurteil der Aristokraten gegen Gelderwerb in Verbindung gebracht. So urteilt Kerferd in seiner Monographie zur Sophistik von 1981, dass Platons Kritik am bezahlten Unterricht auf die verbreitete aristokratische Missbilligung der sophistischen Bewegung zurückzuführen sei.[2] Dodds vermerkt in seinem Kommentar zu Platons *Gorgias*, der Grund für Platons Kritik an den Sophisten liege in der aristokratischen Verachtung bezahlter Berufe.[3] Auch Hénaff schreibt der aristokratischen Missbilligung bezahlter Berufe eine zentrale Rolle bei Platons Kritik an den Sophisten-Honoraren zu.[4] Und Giocarinis gibt zu

ich *aretê* hier im Fließtext meist mit „Gutsein" wiedergeben, den griechischen Ausdruck aber in Klammern hinzufügen.

2 Vgl. George B. Kerferd: The Sophistic Movement (Cambridge1981) 25 f. Wenn Platon kritisiert, dass bei den Sophisten alle Unterricht nehmen könnten, sorgt er sich laut Kerferd klarerweise um die Aristokratie, welche durch die Demokratisierung von Bildung in Gefahr sei. Ein ähnlicher Punkt findet sich auch bei Marcel Hénaff: Der Preis der Wahrheit. Gabe, Geld und Philosophie (Frankfurt a. M. 2009) 158 und 83–85.

3 In jenen Zeiten, so Dodds, war das Unterrichten gegen Geld „still an ungentlemanly occupation". Das aristokratische Ideal bestehe darin, keiner Profession zuzugehören und in allem ein Laie zu sein. Vgl. Eric R. Dodds: Plato's Gorgias (Oxford 1959) 365. Problematisch an Dodds' Kommentar ist allerdings, dass Platon im *Gorgias* seine Kritik ausdrücklich auf die Sophisten beschränkt und die Bezahlung im Fall von anderen Berufen für unproblematisch hält.

4 Hénaff verweist darauf, dass die Sophisten versprechen, jene Menschen zu erfolgreichen politischen Figuren auszubilden, die zwar bislang in der Demokratie formell die Möglichkeit der Einflussnahme hatten, jedoch aufgrund ihrer schlechteren Bildung immer noch hinter den alten aristokratischen Meinungs-

bedenken, dass die höhere Bildung im griechischen Kulturkreis nicht in kommerziellen, sondern freundschaftlichen Verbindungen vermittelt worden sei; Platon kritisiere, dass die Sophisten diese Regel durchbrächen.[5]

Meiner Ansicht nach ist diese Sichtweise in zwei Hinsichten zu korrigieren. (1) Erstens möchte ich darauf verweisen, dass Platon selbst seine Position als revisionär begreift, sich also keineswegs als Vertreter einer gängigen Meinung sieht. Im Gegenteil: Platon nimmt nirgendwo explizit Bezug zu einem aristokratischen Konsens, sondern kritisiert sowohl die literarische Tradition als auch seine Zeitgenossen wiederholt für ihre Hochschätzung von Gelderwerb und Profitstreben.[6] In der *Politeia* wirft er beispielsweise Homer vor, seinen Odysseus als jemanden porträtiert zu haben, der – obwohl er der weiseste Mann sei – einen voll gedeckten Tisch als das Schönste überhaupt bezeichne (Rep. III 390a8–14) und Reichtum und Glück gleichsetze. Auch Achill werde fatalerweise als Geldliebhaber (*philochrêmatos*) dargestellt (Rep. III 390e8, vgl. 390d8, 391c5). Die Dichter würden ferner sogar böse Menschen glücklich preisen, wenn sie nur reich (*polousioi*) seien (Rep. II 364a6). In den *Nomoi* heißt es, das „Verlangen nach unersättlichem und unbegrenztem Besitz von Geld (*chrêmata*)“ rühre von dem „verkehrten Rühmen des Reichtums (*ploutos*) bei den Hellenen und den Barbaren“ her – die Dichtung sei mithin verantwortlich für die verbreitete Geldgier und das Verlangen nach materiellem Überfluss (Leg. IX 870a4–8).

---

führern zurückstecken mussten. Hénaffs Hauptpunkt besteht allerdings darin, dass seiner Meinung nach die Philosophie generell nach Art der Gabenbeziehung ablaufen müsse und keinen kommerziellen Charakter annehmen dürfe. Vgl. dazu M. Hénaff: Der Preis der Wahrheit, 163.

5 Giocarinis weist zwar darauf hin, dass Platon nicht jegliche Lohnarbeit ablehnte, sondern nur bezahlten Philosophieunterricht, erklärt aber Platons Kritik mit den damals üblichen Bedenken der Aristokratie gegen die Kommerzialisierung der höheren Bildung. Giocarinis meint ferner, Philosophie-Unterricht sei durchaus vereinbar mit Geschenken. Vgl. P. Post, K. Giocarinis, R. Kay: The medieval heritage of a humanistic ideal: 'Scientia donum dei est, unde vendi non potest', in: Traditio 11 (1955) 213.

6 Eine Ausnahme könnte der *Protagoras* darstellen. Dort zeigt sich der junge Hippokrates entsetzt, als Sokrates ihn fragt, ob er bei Protagoras Unterricht nimmt, weil er selbst Sophist werden will. Anschließend wird angedeutet, dass eine derartige Lohnarbeit für einen Freien als unangemessen empfunden wird (vgl. Prot. 312a-b und Prot. 313c). Es wird allerdings nicht explizit ausgesprochen.

Doch nicht nur die alten Dichter stellen nach Platon Geld und Reichtum zu positiv dar, auch die Zeitgenossen kritisiert er wiederholt für ihre falsche Prioritätensetzung, die Geld und Reichtum einen hohen Stellenwert einräumt. Sokrates schildert am Ende der ersten Rede der *Apologie*, dass seine gewöhnlichen Gespräche mit den Athenern immer auch eine Kritik daran enthalten, dass sie sich zuviel um Geld und zu wenig um die Seele kümmern (Apol. 29d-30b; vgl. auch Apol. 36b-c und 41e-42a). In den Dialogen lässt Platon außerdem immer wieder Figuren auftreten, die menschliches Gutsein (*aretê*) oder Tugenden wie Weisheit (*sophia*) explizit als Fähigkeit verstehen, Geld zu verdienen oder Reichtum zu verwalten.[7] So vertritt Menon in dem nach ihm benannten Dialog explizit die Sicht, dass das Gutsein (*aretê*) in der Fähigkeit bestehe, sich Güter zu verschaffen, und er präzisiert: „Und Gold, meine ich, und Silber zu erwerben, und Ehren in der Stadt und Ämter" (Men. 78c9 f.). Im *Hippias maior* vertritt der Sophist Hippias die These, dass eine Weisheit (*sophia*), die Gelderwerb umfasst, jeder *sophia* überlegen ist, mit der man kein Geld verdient (Hipp. mai. 281c, vgl. Hipp. mai. 282d-e). Und im ersten Buch der *Nomoi* erklärt der Kreter Kleinias, dass in seinem Staat alle Gesetze die Tapferkeit der Bürger befördern und somit auf den Sieg im Krieg zielen, weil man durch Erfolg im Krieg eigene Güter behalten kann und sich zudem den Besitz der Unterlegenen aneignet (Leg. I 625c-626b).

(2) Platons Selbstdarstellung ist natürlich noch kein Beweis dafür, dass seine Position tatsächlich abweicht vom damaligen Konsens und von der gängigen Meinung der Athener Oberschicht. Doch das in der Literatur gezeichnete Bild, Platon schließe sich einfach einer verbreiteten Ablehnung von monetärem Lohn und Profitstreben an, ist auch deswegen problematisch, weil sich der damalige Commonsense offenbar nicht problemlos feststellen lässt. Ein Blick auf die Forschung zur Einschätzung von Reichtum und Gelderwerb in der Antike zeigt, dass die vorherrschende Meinung nicht eindeutig rekonstruierbar ist, sondern höchst unterschiedlich eingeschätzt wird. Auf der einen Seite findet man Stimmen wie die von Moses Finley, der schreibt, dass in der griechischen

7 Vgl. dazu auch Susan Sauvé Meyer: Ancient Ethics. A Critical Introduction (New York 2008) 11 samt Anmerkungen. Meyer will vor allem zeigen, dass die verbreitete Vorstellung vom Gutsein (*aretê*) nicht primär auf psychische Konstitutionen oder auf so etwas wie einen guten Charakter zielte, sondern auf die gängigen Kriterien für gesellschaftliches Ansehen. Dazu gehörte zum Beispiel kriegerischer Erfolg, Reichtum, politischer Einfluss, ein athletisches Äußeres und eine noble Herkunft.

und römischen Antike durchwegs eine ungetrübt positive Einschätzung von Geld und Reichtum vorherrschte:

> "The judgment of antiquity about wealth was fundamentally unequivocal and uncomplicated. Wealth was necessary and it was good; it was an absolute requisite for the good life; and on the whole that was all there is to it."[8]

Finley meint ferner, dass in der Antike die Reichen nicht nur als schlechthin glücklich galten, sondern auch als moralisch überlegen, was sich bereits anhand des Sprachgebrauchs belegen lasse: Die Guten, die *agathoi*, seien bei vielen Dichtern die Reichen, während mit den *kakoi* selbstverständlich die Armen gemeint sind.[9] Ein ‚Selig sind die Armen' gehöre nicht in der Ideenwelt der griechisch-römischen Antike. Geoffrey de Ste. Croix teilt diesen Eindruck: Das neutestamentarische Wohlwollen für Arme stammt seiner Meinung nach aus dem jüdisch-hebräischen Kulturraum, die griechisch-römische Welt habe Sympathie nur an die Starken und Reichen verteilt.[10]

Eine zweite Gruppe von Autoren nimmt genau die entgegen gesetzte Einschätzung vor: Die gesamte griechische Antike sei reichtumsskeptisch oder sogar reichtumskritisch eingestellt. Der Diskurs über Gier und unrechtmäßig angeeigneten Reichtum setze vielleicht bereits bei Homer, sicher aber bei Hesiod ein. Einige dieser Autoren gehen sehr weit in ihrem Bild von der reichtumskritischen Antike, etwa William Desmond, der 2006 eine Monographie mit dem Titel *The Greek Praise of Poverty* publiziert hat. In diesem Buch verteidigt er die These, dass der enorme Erfolg der reichtumskritischen kynischen Bewegung nur darauf zurückgeführt werden kann, dass die griechische Kultur von Hause aus

8 Moses Finley: The Ancient Economy (London 1973) 35 f. Für die enge Verbindung zwischen gutem Leben und Reichtum spricht auch der antike Sprachgebrauch: In vorklassischer Zeit scheinen *eudaimôn*, *olbios* und *plousios* weitgehend äquivalent gebraucht worden zu sein. Vgl. dazu die Studie von Cornelius de Heer: *Makar, eudaimôn, olbios, eutychês* (Amsterdam 1968). Er betont, dass der Begriff *eudaimonia* in vielen Kontexten bedeutungsgleich mit materiellem Wohlstand gebraucht wird, was ein starkes Indiz für eine gängige Koppelung von Glück und Reichtum ist.

9 Vgl. auch J. Hemelrijk: Penia en Ploutos (Utrecht 1924) 142. Geoffrey de Ste. Croix: The Class Struggle in the Ancient Greek World (Ithaca 1981) 425 f. Geoffrey de Ste. Croix: Early Christian Attitudes to Property and Slavery, in: Derek Baker (Hg.): Church, Society and Politics (Oxford 1975) 9–11.

10 Vgl. M. Finley: The Ancient Economy, 38; G. de Ste. Croix: The Class Struggle in the Ancient World, 431–433.

skeptisch gegenüber Reichtum war.[11] Desmond sieht bereits bei Homer reichtumskritische Tendenzen: Die *Ilias* beschreibe, wie sich Achill immer mehr abwende von seiner ursprünglichen Fixierung auf die materiellen Insignien seiner Kriegerehre. Und die *Odyssee* habe ohnehin einen Helden, der von einem unbedeutenden, kleinen und kargen Königtum am Rand der griechischen Welt stamme. Er habe von dort nur (!) zwölf Schiffe nach Troja gebracht.[12] Die positive Bewertung von Reichtum, die uns in den Texten begegnet, hält er für die Meinung einer Minderheit.[13]

Eine dritte Einschätzung wurde 2003 von dem Althistoriker David Schaps vorgelegt. Er ist der Ansicht, dass die ungetrübt positive Meinung von Reichtum, wie Finley sie der gesamten Antike zuschreibt, tatsächlich nur bis zum Ende des 5. Jahrhunderts vorherrschte und dann von einer Skepsis gegenüber Reichtum abgelöst wurde. Zunächst habe diese Skepsis aufgrund einer ersten Flexibilisierung von Besitz eingesetzt. Im fünften Jahrhundert seien sodann durch den Delisch-Attischen Bund enorme Geldsummen nach Athen geflossen, so dass dort die ganz neuartige Reflexionen darüber einsetzen konnte, ob Geld und Reichtum tatsächlich gut sind. Die stärkere These, dass Armut selbst gut sei, werde sodann von Sokrates vertreten; als erste Figur der Geschichte sei er mit Armut zufrieden.[14] An seine Position schlössen sich eine Reihe von reichtumskritischen Theorien an, zu denen Platon und die Kyniker gehörten.

Die drei Forschungsmeinungen zur antiken Einschätzungen von Geld und Reichtum führen natürlich zu drei völlig unterschiedlichen Einschätzung der platonischen Position: Von Finley wird die platonische Abwertung von Reichtum als Ausnahme in einer ansonsten homogenen griechischen Welt bezeichnet.[15] Desmond bewertet sie als konsequente

11 Vgl. zu einer ähnlichen Sicht auch J. Hommel: Das hellenische Ideal vom einfachen Leben, in: Studium Generale 11 (1958) 742.

12 "He brought a mere 12 ships from Ithaca, a small and unimportant kingdom on the fringes of the Greek world." (William Desmond: The Greek Praise of Poverty. Origins of Ancient Cynicism (Notre Dame/Indiana 2006) 113). Desmond hebt hier besonders hervor, dass Odysseus Ithaka als karg bezeichnet. Vgl. auch a.a.O., 107–109 zur *Ilias*.

13 "Rich Oligarchs may claim to be the "best" or the "good and beautiful", and may vilify the poor with a torrent of manes (the "bad", the "lesser"), but theirs is a minority view." W. Desmond: The Greek Praise of Poverty, 22.

14 Vgl. David M. Schaps: Socrates and the Socratics. When Wealth Became a Problem, in: Classical World 96 (2003) 139–142.

15 Vgl. M. Finley: The Ancient Economy, 36 und 38.

Fortsetzung der vorherrschenden reichtumskritischen Tradition.[16] Schaps sieht in Platon eine Antwort auf das Armutsbekenntnis des Sokrates, das im fünften Jahrhundert die bereits einsetzende Skepsis gegenüber Geld und Reichtum auf einen radikalen Höhepunkt hob.[17]

Hier ist nicht der Ort, eine eigene Rekonstruktion zu Frage vorzulegen, welche vorherrschende Meinung Platon zu seiner Zeit vorfand und inwiefern seine Reichtumskritik sich daran anschloss oder darauf reagierte.[18] Der Verweis auf die Vielfalt der möglichen Rekonstruktionen ist hier vielmehr als Hinweis darauf zu verstehen, dass die häufig geäußerte Vermutung, Platons negative Äußerungen zu Reichtum und Gelderwerb seien einfach die Wiedergabe des aristokratischen Commonsense, fragwürdig ist, solange keine konsensfähige Rekonstruktion des Commonsense selbst geleistet worden ist.

---

16 Desmond ordnet Platon explizit in die Reihe der seiner Ansicht nach zahlreichen Autoren ein, die Armut befürworten und somit die kynische Reichtumskritik vorbereiten. Vgl. W. Desmond, The Greek Praise of Poverty, 24. Die Wurzel der reichtumskritischen Einstellung der Griechen sieht Desmond in der eleatischen Ontologie, die der sinnlichen Welt kein wahres Sein zuschreibt. Von dieser Philosophie leite Platon genauso wie die Kyniker seine Reichtumskritik ab. Vgl. dazu Desmond, a.a.O., 159–164.

17 Vgl. D. Schaps: Socrates and the Socratics, 142. Nach seiner Darstellung setzt sich Platon mit dem sokratischen Armutsbekenntnis allerdings kaum explizit auseinander, sondern entwickelt eine politische Reichtumskritik. Vgl. Schaps, a.a.O., 147.

18 Wahrscheinlich muss für die vorplatonische Tradition eine durchaus komplexe Einschätzung von Reichtum und Gelderwerb angenommen werden. Neben der von Finley und de Ste. Croix festgestellten wichtigen Funktion von Reichtum in den homerischen Epen und der martialischen Lyrik, z. B. als Indiz für kriegerisches Geschick, finden sich bereits bei Homer auch Reflexionen über die Gier einzelner Heroen. Allgemeinere Kritik an materieller Gier formulieren Solon und Herodot. Vgl. dazu Ryan K. Balot: Greed and Injustice in Classical Athens (Princeton und Oxford 2001). Doch obwohl Reichtum bei diesen Autoren auch als Quelle sozialer Spannungen, als Ursache von Götterneid oder überschätzter Glücksgarant thematisiert wird, lässt sich dort keinesfalls die von Desmond postulierte allgemeine Reichtumskritik finden. Reichtum, v. a. gerecht erworbener Reichtum, wird bei allen Autoren fraglos als wichtige Bedingung für ein gelingendes Leben genannt. Gegen Schaps' Rekonstruktion spricht wiederum, dass Platon, wie oben zeigt, nicht nur die literarische Tradition kritisch sieht, sondern auch die zeitgenössische Einstellung zu Reichtum und Gelderwerb. Bei ihm findet sich somit kein Beleg dafür, dass sich die Einstellung zu Geld und Reichtum grundlegend geändert hätte. Tatsächlich lässt sich auch in anderen Texten beobachten, dass traditionelle Positionen, z. B. zum engen Zusammenhang von menschlichem Gutsein (*aretê*) und Reichtum, auch im 5. Jh. noch einflussreich sind. Vgl. etwa Euripides El. 362–394.

2. Warum kritisiert Platon Gelderwerb?

Im Folgenden möchte ich versuchen, Platons eigene Begründung für seine kritische Position zu rekonstruieren. Dabei werde ich mich auf die Sophisten-Honorare und die Besitzregeln in der *Politeia* beschränken. Zur Debatte um die Honorar-Forderungen der Sophisten lässt sich zeigen, dass es Platon offenbar nicht darum geht, ein formales Argument gegen bezahlten Unterricht zu formulieren. Vielmehr hat seine Kritik damit zu tun, dass er seine eigene Position zum Verhältnis von menschlichem Gutsein (*aretê*) und Gelderwerb verdeutlichen möchte (2.1). Anschließend soll kurz umrissen werden, wie Platon seine Kritik an Gelderwerb in der *Politeia* fortführt und nun psychologisch begründet. Die in der *Politeia* für die Philosophinnen und Philosophen geltenden Besitzregeln beinhalten nämlich vor allem ein Verbot von monetärem Lohn. Der eigentliche Grund für dieses Verbot ist in der menschlichen Seele, wie Platon sie versteht, zu finden. Nach Platon bringt Geld nämlich die seelische Harmonie in Gefahr, führt unweigerlich zu einer Dominanz des untersten Seelenteils und verursacht somit eine ungerechte Seelenkonstitution (2.2).

2.1 Die Honorare der Sophisten

Die Honorare der Sophisten und ihre kommerziellen Absichten bilden einen zentralen Bestandteil von Platons Sophisten-Porträt: Er weist insgesamt 31 Mal auf die Honorare hin.[19] An vielen weiteren Stellen suggeriert er, dass sie vor allem an Geld interessiert sind.[20] Platon definiert

---

19 Harrison hat die Verweise gezählt: E. L. Harrison: Was Gorgias a Sophist? In: Phoenix 18, 183–192 (1964) 191 Anmerkung 44 und Anmerkung 46. Harrison meint, dass Platon den Begriff ‚Sophist' fast nie benutzt, ohne zugleich auf ihre Honorare anzuspielen.

20 Nach Platons Darstellung wählen die Sophisten ihre Schüler vor allem in Hinblick auf ihre Zahlungsfähigkeit aus (Euthd. 272a, 304a, 304c, Prot. 310d). Manchmal unterbrechen die Sophisten eine laufende Diskussion, bis sie Geld erhalten (Rep. I 337d). Im *Phaidros* heißt es, die Sophisten nähmen von ihren Schülern Tributzahlungen wie ein König von seinen Untergebenen (Phdr. 266c). Die Sophisten sind stolz auf ihre hohen Honorare (Men. 91d, Hipp. mai. 282c-e). Im *Theaitet* sagt Protagoras etwa, ein Sophist sei weise und viel Geld wert (*sophos te kai axios pollôn chrêmatôn*, Tht. 167c-d, vgl. Prot. 328b3). Die Einnahmen der Sophisten sind nach Platons Darstellung hoch: Wir erfahren, dass Protagoras mehr verdient als der Bildhauer Phidias und andere zusam-

die sophistische Zunft außerdem stets unter Bezugnahme auf ihre Honorarforderungen. So nennt er den Sophisten im *Protagoras* einen Händler für seelische Waren (Prot. 313c-314b). Und im *Sophistes* beziehen sich fünf von sieben Definitionen der Sophisten auf die Honorare: Die Sophisten werden dort Jäger auf Jugend und Geld genannt, dreimal werden sie als Händler bezeichnet und einmal als Eristiker, die für Geld auftreten (vgl. die Zusammenfassung der Definitionen in Soph. 231d-e).[21] Wahrscheinlich ist Platon sogar derjenige, der in entscheidender Weise die Sicht geprägt hat, dass man Sophisten und Philosophen anhand des Kriteriums unterscheiden kann, ob sie Honorare fordern oder ablehnen. Dafür spricht erstens, dass im 5. Jahrhundert noch keine etablierte Unterscheidung zwischen Sophisten und anderen Intellektuellen festgestellt werden kann, schon gar nicht anhand des Merkmals, ob sie Geld von Schülern annehmen.[22] Zweitens zeigt ein Blick auf antike Quellen zu Honorarforderungen von Philosophen, Sophisten und anderen Intellektuellen, dass lange Zeit zum Selbstverständnis von Philosophen in keiner Weise der Verzicht auf Honorar gehörte: Selbst von den Kynikern oder den Stoikern weiß man, dass sie Gebühren erhoben haben und Geld von Schülern nahmen.[23] Die Sichtweise, dass Philosophen kein Geld von Schülern nehmen sollten, übernimmt von Platon zwar Aristoteles in einer etwas abgeänderten Form (vgl. EN IX 1 1164b1–7, EE VII 10 1243b23), sie setzte sich aber erst später und dann vornehmlich in der platonischen Tradition durch.[24]

---

mengenommen (Men. 91d). Im *Hippias maior* lesen wir, dass Gorgias und Prodikos mehr Geld einnehmen als alle übrigen Handwerker in ihrer jeweiligen Branche (Hipp. mai. 282c-d).

21 Weitere Referenzen zu den Honoraren: Lach. 186c, Krat. 384b, 391bc, Theait. 167cd, 161de, Alk. I 119a (hier ist von Zenon die Rede), Rep. 337d, Theag. 128a.

22 Zur Feststellung, dass die Sophisten nur bei Platon eine fest umgrenzte Gruppe sind, vgl. Helga Scholten: Die Sophistik. Eine Bedrohung für die Religion und die Politik? (Berlin 2003) 27, 283, 327. Vgl. auch James Fredal: Why Shouldn't the Sophists Charge Fees? In: Rhetoric Society Quarterly 38 (2008) 148–170. Fredal zeigt zunächst anhand der Entwicklung des Begriffs „Sophist" im fünften und vierten Jahrhundert, dass das Bild des kommerziellen Sophisten maßgeblich von Platon geprägt wurde. Er habe die kommerzielle Dimension der Sophistik zudem mit Laxheit und Korruption assoziiert und auf diese Weise konkurrierende Philosophielehrer und -schulen als moralisch fragwürdig abgewertet.

23 Vgl. dazu die Quellensammlung von Clarence A. Forbes: Teachers' Pay in Ancient Greece (Lincoln/Nebraska 1942).

24 Der Platoniker Olympiodor hält es im 6. Jh. n. Chr. für ein zentrales Kriterium des Philosophen, keine Gebühren zu nehmen. Er berichtet zudem, dass die

Welches Ziel verfolgt Platon damit, dass er die kommerzielle Motivation der Sophisten als eines ihrer zentralen Merkmale stilisiert? Interessanterweise findet sich in den Dialogen nirgendwo ein kategorisches Argument gegen Honorarforderungen.[25] Daraus lässt sich schließen, dass es Platon nicht etwa darum geht, ein *formales* Argument gegen kommerziellen Unterricht zu formulieren. Vielmehr, so möchte ich zeigen, geht es ihm um eine *inhaltliche* Abgrenzung zwischen den Lehren seiner Sokrates-Figur und den Ansichten der Sophisten. Diese Abgrenzung lässt sich anhand der Debatte um Lohn besonders gut leisten. Es geht dabei nämlich vor allem um zwei konkurrierende Vorstellungen von menschlichem Gutsein (*aretê*). Während die bei Platon auftretenden Sophisten das menschliche Gutsein (*aretê*) eng mit kommerziellem Erfolg in Verbindung bringen, möchte Sokrates betonen, dass Gutsein intellektualistisch verstanden werden muss, also eine Qualität der Seele ist, die vor allem in einer bestimmten Form von Wissen besteht.

Ein erstes Beispiel für die Vorstellung von menschlichem Gutsein, die Platon in seinen Dialogen den Sophisten zuschreibt, bietet der Dialog *Protagoras*. Dort tritt der Sophist Protagoras auf, der zunächst vor allem als erfolgreicher Geschäftsmann eingeführt wird, dessen Unterricht nicht billig ist (Prot. 311d). Danach wird besprochen, was er seinen Schülern beibringt. Protagoras betont, dass er seinen Schülern vor allem Kompetenzen in der hauswirtschaftlichen Verwaltung und Politik vermittle: Unterrichtsgegenstand sei die Wohlberatenheit (*euboulia*) in hauswirtschaftlichen und politischen Belangen (Prot. 318e-319a). Später betont er, dass zwar prinzipiell jeder die von ihm unterrichteten Tugenden erwerben kann, dass aber die reichsten Schüler (*plousiôtatoi*) am talentiertesten seien, weil sie bereits früh anfingen, sich in den relevanten Dingen zu üben (Prot. 326c).

Akademie noch nie Gebühren erhoben hat. Vgl. dazu C. A. Forbes, Teachers' Pay in Ancient Greece, 28. Forbes folgert allerdings aus Olympiodors Aussage, dass der Verzicht auf Bezahlung tatsächlich verbindlicher Commonsense in der Geschichte der Akademie war und Berichte über Honorarforderungen der Akademieleiter nicht belastbar sind.

25 Vgl. dazu auch Håkan Tell: Wisdom for sale? The Sophists and Money, in: Classical Philology 104 (2009) 14. David Blank: Socratics vs. Sophists on Payment for teaching, in: Classical Antiquity 4 (1085) 6. Eine Ausnahme könnte der *Gorgias* sein, vgl. Gorg. 519e-520e. Oft finden sich lediglich ironische Anspielungen auf die Honorare, z.B. Euthyphr. 3d, Hipp. mai. 300e-d, Krat. 384b-c, Krat. 391b-c.

Ein zweites Beispiel dafür, dass Platon den Sophisten eine Vorstellung von *aretê* zuschreibt, die eng mit kommerziellem Erfolg zu tun hat, bietet der Dialog *Hippias maior*. Dort vertritt der Sophist Hippias die These, dass Weisheit (*sophia*), die kommerzielle Kompetenzen umfasst, anderen Arten von Weisheit überlegen ist, die das nicht tun (Hipp. mai. 218c). An anderer Stelle wird deutlich, dass Geld für ihn ein guter Indikator für Weisheit ist: Da er selbst die höchsten Honorare erhält, sei klar, dass er der weiseste Mensch ist (Hipp. mai. 282e-282a).

Die Sophisten, wie wir ihnen in den Dialogen begegnen, verkörpern aufgrund ihrer zahlreichen Anspielungen auf ihre hohen Honorare generell die Vorstellung, dass kommerzieller Erfolg von zentraler Bedeutung ist.[26] Den so porträtierten Sophisten stellt Platon seinen Sokrates entgegen. Die Tatsache, dass Sokrates Bezahlung von etwaigen Schülern ablehnt und daher in Armut lebt, unterscheidet ihn nicht nur rein äußerlich von den Sophisten, die von den Honoraren ihrer Schüler reich werden. Vielmehr spielen hier auch inhaltliche Differenzen in Bezug auf das menschliche Gutsein (*aretê*) eine wichtige Rolle. Wie die finanziellen Erfolge der Sophisten mit einem Bild von menschlichem Gutsein korrespondieren, das in zentraler Weise kommerzielle Kompetenz umfasst, so entspricht der Armut des Sokrates, dass seiner Meinung nach das menschliche Gutsein in keiner Weise mit ökonomischem Geschick zusammenhängt. Dies lässt sich nicht nur anhand zahlreicher Passagen belegen, in denen Sokrates Auskunft über das Gutsein gibt, und wo finanzieller Erfolg absolut keine Rolle spielt.[27] Aussagekräftig sind auch

26 Immer wieder unterstreichen die Sophisten ihre Eignung als Lehrer des Gutseins (*aretê*) durch den Verweis auf ihre hohen Einnahmen. Im *Menon* erklärt Sokrates sogar selbst, dass die hohen Honorare beweisen, dass die Sophisten gute Lehrer sind für die bestimmte Form von *aretê*, die sie unterrichten – andernfalls, so Sokrates, würden ihnen bald die Schüler ausgehen (Men. 90a-91e). Auch Protagoras bemisst die eigene Kompetenz anhand seiner Honorare. Er erzählt, dass einige Schüler nicht den vor dem Unterricht vereinbarten Preis bezahlen, sondern stattdessen nach dem Unterricht zu einem Tempel gehen und unter Eid eine Summe bestimmen, die ihnen als eine adäquate Kompensation für die empfangenen Leistungen erscheint. Protagoras betont, dass diese Summen häufig höher als der vorher vereinbarte Preis sind, so dass deutlich werde, dass sein Unterricht das Honorar wert sei – oder sogar mehr (Prot. 328b-d, man beachte das *pleionos* in b4).

27 Sokrates bringt in den sogenannten sokratischen Dialogen durchwegs die *aretê* mit einer Form von Wissen in Verbindung und konzipiert sie somit intellektualistisch. Im *Laches* wird beispielsweise die in diesem Dialog zentrale Tugend, die Tapferkeit, zunächst als Mut und Ausdauer bei Gefahren bestimmt. Es zeigt

Passagen, in denen Sokrates ausdrücklich sein Desinteresse an Dingen ausdrückt, die laut den Sophisten zentral sind für das menschliche Gutsein. So sagt Sokrates in der *Apologie*, dass er weder politisch noch hauswirtschaftlich engagiert sei. Im Gegenteil: Er vernachlässige seine häuslichen Geschäfte so sehr, dass er in Armut lebt (Apol. 31a-c; vgl. auch Apol. 23b-23c, 36d-e). Sokrates vernachlässigt damit genau die beiden zentralen Unterrichtsgegenstände des Sophisten Protagoras, der seinen Schülern hauswirtschaftliche und politische Kompetenz vermitteln will.

Im *Euthydemos* gibt es sogar eine Passage, die nahelegt, dass die sokratische Vorstellung vom Gutsein sich nicht vereinbaren lässt mit kommerziellen Absichten. Am Ende des Dialogs empfiehlt Sokrates seinem Freund Kriton, zu den Sophisten zu gehen. Sie unterrichteten jeden, der sie bezahlt, keiner werde ausgeschlossen, nicht einmal – und dies könnte Kriton besonders interessieren – Leute, die *chrêmatizesthai* möchten, also Geld verdienen (Euthyd. 304c). Damit suggeriert Sokrates, dass Menschen, die kommerzielle Ziele verfolgen, bei ihm selbst nicht gut aufgehoben sind. Sie sollten lieber die Art von *aretê* (Gutsein) lernen, welche die Sophisten unterrichten. Im Folgenden zeigt sich, dass Kriton genau weiß, dass Sokrates seine Einstellung für falsch hält. Er bekennt, dass er jedes Mal, wenn er Sokrates treffe, ernsthaft bedauere, bei seinen Kindern vor allem auf ihre finanzielle Versorgung zu sehen, indem er sie „überaus reich" (*plousiôtatoi*, Euthyd. 306e2) gemacht habe, eine wirklich philosophische Bildung jedoch vernachlässigt habe (Euthyd. 306d-307a).[28]

---

sich schnell, dass es auch dumm und schädlich sein kann, Risiken einzugehen; dadurch wird deutlich, dass von Tapferkeit nur dann die Rede sein kann, wenn man den Gefahren mit *sophia* begegnet (Lach. 192d). Die *sophia* aber sei eine bestimmte Art von Wissen, nämlich das Wissen, wann es gut ist, ein bestimmtes Gut zu verfolgen, bzw. genereller das Wissen von Gut und Schlecht (Lach. 195b-d, 199b-d). Weitere Stellen für Sokrates' intellektualistische Konzeption des menschlichen Gutseins: Charm. 166e, Euthyd. 280c-281e; Men. 88a-89a und Gorg. 469d-e. Die durchgängig intellektualistische Bestimmung der Tugend in den sokratischen Dialogen stimmt auch damit überein, dass laut Aristoteles für Sokrates *aretê* eine Form von Wissen (*epistême*) ist (EN VI 13, 1144b28–30, EE I 5, 1216b6–11, MM I 1, 1182a15 ff.).

28 Viele weitere Passagen legen nahe, dass die sokratische Auffassung von Gutsein mit der sophistischen Auffassung, wie sie bei Platon dargestellt wird, konfligiert. Sowohl im Protagoras als auch im *Hippias maior* wird jeweils ein Sophist eingeführt, der vor allem kommerziell motiviert ist. Anschließend wird jeweils gezeigt, dass diese kommerzielle Motivation schwer mit der Wahrheitssuche im sokratischen Sinn vereinbar ist. Protagoras wird unwirsch, als Sokrates wiederholt

Die Debatte um die Honorare dient also dazu, die sokratische Vorstellung von menschlichem Gutsein (*aretê*) abzugrenzen gegen eine bestimmte Vorstellung von *aretê*, die den Sophisten zugeschrieben wird. Sophisten wie Hippias und Protagoras halten hauswirtschaftliches und finanzielles Geschick sowie Umgang mit Reichtum für einen wichtigen Bestandteil des Gutseins. Im Gegensatz dazu stehen die Figur und die Lehre des Sokrates, für den Geld und Reichtum keine Rolle für das menschliche Gutsein spielen. Menschen mit finanziellen Ambitionen sind seiner Meinung nach, wie das Gespräch mit Kriton am Ende des *Euthydemos* zeigt, bei den Sophisten besser aufgehoben als bei ihm.

2.2 Die Besitzregeln in der *Politeia* und ihre psychologische Begründung

In der *Politeia* wird die Kritik an den Honorarforderungen der Sophisten insofern fortgeführt, als Platon auch hier die monetäre Vergütung von Philosophinnen und Philosophen thematisiert. Platon stellt hier aber nicht seine Sokrates-Figur den kommerziell motivierten Sophisten gegenüber. Vielmehr entwickelt er einen Idealstaat, wo den Philosophen insgesamt Gelderwerb verboten wird. Für dieses Verbot entwickelt Platon letztlich eine psychologische Begründung.

Die Grundfrage der *Politeia* ergibt sich in Auseinandersetzung mit der These des Sophisten Thrasymachos, dass Unrecht tun der beste Weg zum Glück ist, und diejenigen Menschen, die Unrecht leiden, aber selbst kein Unrecht tun, die unglücklichsten sind (Rep. I 344a3–6). Platon will diese These zurückweisen und stattdessen nachweisen, dass die Gerechten glücklicher als die Ungerechten sind (*eudaimonesteroi*, Rep. I 352d2). Für diesen Nachweis wird zuerst das gerechte Leben beschrieben (Rep. II-VII), dann das ungerechte Leben (Rep. VIII-IX), anschließend wird in Buch IX ein Glücksvergleich vorgenommen. Die Beschreibung des gerechten und ungerechten Lebens findet jeweils auf zwei Ebenen statt. Einerseits wird ein vollkommen gerechter Staat entworfen und ungerechten Staaten gegenübergestellt, andererseits wird die vollkommen gerechte Seele beschrieben und mit ungerechten Seelen kontrastiert.[29]

Zwischenfragen stellt, und Hippias erklärt am Ende des Dialogs sogar entnervt, dass die kleinteiligen Definitionsversuche des Sokrates keinen Ertrag bringen werden, vor allem keinen Erfolg beim Publikum und kein Geld.

29 Zum Zusammenhang zwischen diesen beiden Ebenen gibt es verschiedene, kontroverse Ansichten. In der Auslegungstradition der *Politeia* gibt es von Beginn

Der von Platon konzipierte gerechte Staat ist hierarchisch in drei Stände geteilt: Unten angesiedelt ist der Nährstand, der für die materielle Versorgung zuständig ist. Über ihm steht der militärische Wehrstand, der für die Sicherheit nach innen und außen zuständig ist. An der Spitze steht der Stand, der die politische Macht besitzt. Wichtig für den Idealstaat ist, dass die politische Macht bei den Philosophinnen und Philosophen liegt. Diese sogenannten Philosophenkönige wissen einerseits durch ihre langjährige philosophische Ausbildung, worin das wahrhaft Gute für den Menschen besteht. Andererseits sollen strenge Besitzregeln verhindern, dass sie ihre Machtposition mit Gewinnstreben verbinden können. Die Besitzregeln sehen vor, dass die Philosophenkönige keine eigenen Häuser haben und nicht mit Edelmetallen in Berührung kommen, vor allem aber, dass sie statt eines monetären Lohns eine Verpflegung vom Nährstand erhalten, die genau auf ihren Verbrauch abgestimmt ist und daher weder Mangel noch Überfluss zulässt (Rep. III 416d-417b).[30] Platons Begründung dafür, dass im Idealstaat unbedingt Besitzregeln für die Philosophenkönige gelten müssen, sind auf den ersten Blick recht merkwürdig. Er betont zum Beispiel, dass die Philosophenkönige ohne die Besitzregeln statt Freunden und Beschützern zu feindlichen Herrschern und Despoten werden (Rep. III 415d-416b, IV 434a-c). Außerdem heißt es, dass der Idealstaat untergeht, wenn man die Besitzregeln missachtet (Rep. III 414c5–7[31], 417b). Zunächst wird aber nicht klar, warum ausgerechnet die Besitzregeln so wichtig sind für die Integrität der Philosophenkönige und für den Fortbestand der besten Stadt.

Mein Vorschlag hierzu besteht darin, dass die Begründungslücke mit der psychologischen Theorie geschlossen wird. Bei der Beschreibung der gerechten Seele führt Platon im vierten Buch der *Politeia* die Rede von drei Seelenteilen ein. Eine gerechte Seele, so seine Darstellung, ist analog zu einem gerechten Staat strukturiert. Dies bedeutet, dass der vernünftige

an einen Streit, ob die psychologische oder die politische Ebene im Werk die entscheidende ist. Vgl. dazu Malcolm Schofield: Plato. Political Philosophy (Oxford 2006) 10–12.

30 Die Besitzregeln der *Politeia* kursieren seit langem unter dem Label „Kommunismus", das in einigen Hinsichten irreführend ist. Vgl. dazu Peter Garnsey: Thinking about Property: From Antiquity to the Age of Revolution (Cambridge 2007) Kap. 1.

31 Diese Passage aus dem Metallmythos muss vor dem Hintergrund der Schilderungen zum Untergang des Idealstaats in Rep. VIII verstanden werden, wo Eisen- und Erzanteile in der Seele explizit mit Geldgier in Verbindung gebracht werden. Vgl. Rep. VIII 548a6.

Seelenteil die Herrschaft innehat über die beiden unteren Seelenteile (Rep. IV 441d-442b). Dieser hat als einziger der drei Seelenteile Wissen darüber, was nützlich und gut ist (IV 442c). Der zweite, muthafte Seelenteil muss den vernünftigen unterstützen. Vor allem der unterste, begehrliche Seelenteil darf auf keinen Fall eine dominante Rolle spielen. Dieser begehrliche Seelenteil wird häufig – vielleicht analog zum vegetativen Seelenteil bei Aristoteles – als Zentrum der körperlichen Triebe verstanden. Bei näherem Hinsehen ist das nicht ganz richtig: Dieser Seelenteil ist zwar für Hunger, Durst und Sexualität zuständig, aber auch die Begierde nach Geld ist dort angesiedelt.[32] Nur so erklärt sich überhaupt die Entsprechung zwischen drittem Seelenteil und drittem Stand des Idealstaats. Diese Entsprechung wurde von Bernhard Williams angezweifelt und als künstlich kritisiert, wahrscheinlich aus dem Grund, dass er den dritten Seelenteil als das Zentrum körperlicher Triebe begriff und die Bedeutung von Gewinnstreben und kommerziellen Motivationen übersah.[33] Dabei sind es offenbar vor allem die finanziellen Begierden des dritten Seelenteils, die Platon zufolge in einer gerechten Seele besonders stark kontrolliert werden müssen. Dies belegt der folgende Text:

> Wenn diese beiden [der rationale und der muthafte Seelenteil] auf diese Weise ernährt wurden und wenn sie wirklich auf eine ihnen angemessene Weise gebildet und erzogen sind, dann werden sie das *epithymêtikon* [den dritten Seelenteil] kontrollieren – das am größten ist in der Seele bei jedem einzelnen und nach Geld von Natur aus überaus unersättlich (Rep. IV 442a).[34]

Weil zum dritten Seelenteil Begierden nach Geld gehören, und weil diese chrematistischen Begierden „von Natur aus überaus unersättlich" sind, ist die Kontrolle dieser Begierden für eine harmonische, gerechte Seelenverfassung besonders wichtig. Auf diese Weise kann man auch die

---

32 Eine Dreiteilung der Motivationszentren in einen rationalen, einen muthaften und einen v. a. chrematistischen, profitorientierten Teil ist bei Platon bereits vor der *Politeia* zu finden. Im *Phaidon*, aber auch in der *Apologie*, kontrastiert Platon eine rationale, philosophische Lebensweise mit anderen Lebensweisen, zu denen immer auch eine chrematistische, gewinnorientierte gehört. Diese Unterscheidung findet sich in der später verbreiteten Lehre der drei Lebensweisen, die dazu dient, die Überlegenheit der philosophischen Lebensweise gegenüber einer kompetitiven oder chrematistischen, gewinnorientierten Lebensweise zu illustrieren.

33 Vgl. zu Williams' Position und ihrer Zurückweisung M. Schofield: Plato, 253–258.

34 Zur Bestimmung des dritten Seelenteils als Zentrum von Geldgier vgl. auch IX 580d10–581a8.

Notwendigkeit der Besitzregeln verstehen: Die Besitzregeln dienen offenbar dazu, die im dritten Seelenteil angelegten Begierde nach Geld zu kontrollieren.

Was will Platon damit ausdrücken, dass er die Begierde nach Geld einem seelischen Zentrum zuordnet? Ist dies so zu verstehen, als sei Geschäftstrieb und Gewinnstreben in allen Menschen gewissermaßen von Natur aus angelegt? Das wäre deswegen irritierend, weil Geld kein natürliches, sondern ein kulturelles Phänomen ist. Schon in der Antike war man sich durchaus bewusst darüber, dass Geld nicht schon immer existierte, sondern zu einem bestimmten Zeitpunkt von Menschen eingeführt worden ist. In vielen Texten, z.B. bei Herodot (Hdt. 1.94), wird die Erfindung von Geld den Lydern zugeschrieben.[35]

Leider gibt Platon nirgendwo Gründe dafür an, dass die Begierde nach Geld seelische Ursachen hat, und er erklärt nicht, wie zu verstehen ist, dass Geldgier genau in dem Seelenteil zu lokalisieren ist, der zudem für sexuelle Begierden, Hunger, Durst und irrationale Lüste, beispielsweise am Betrachten von Leichen, zuständig ist. Deutlich wird nur, dass er Gewinnstreben für eine anthropologische Konstante hält, dass es zu den nicht-rationalen Begierden des Menschen gehört und dass es unter den nicht-rationalen Begierden eine zentrale Rolle einnimmt. Ein dominanter dritter Seelenteil manifestiert sich bei Platon daher typischerweise in Geldgier. Bei der Unterscheidung dreier Grundmotivationen, die die Kultur eines ganzen Volkes bestimmen können, unterscheidet Platon etwa wissensdurstige, kriegerische und geschäftstüchtige Völker (Rep. IV 435c-436a); der Wissenstrieb ist dabei dem ersten, die kriegerische Motivation dem zweiten und der Geschäftstrieb dem dritten Seelenteil zuzuordnen. Im neunten Buch der *Politeia* heißt es explizit, dass in den Seelen der Menschen normalerweise entweder der geldliebende, der ehrliebende oder der wahrheitsliebende Teil herrscht (IX 581b12-c2). Entsprechend gebe es drei Arten von Menschen (IX 581c4 f.), die alle ihre besondere Lust und ihre spezifische Lebensweise als überlegen ansehen: Philosophen, Streitlustige (also ehrgeizige, kriegerische Menschen) und Geschäftsleute. Der Geschäftsmann (*chrêmatistikos*) werde dabei die Meinung vertreten, dass ein kompetitives Leben oder ein Leben des

35 Eine Erklärung, warum die Griechen den Lydern die Einführung von Münzgeld zuschreiben, bietet Richard Seaford: Money and the Early Greek Mind (Cambridge 2004) 127–129. Seaford selbst ist der Ansicht, dass nicht die Lyder das Münzgeld eingeführt haben, sondern die Griechen die ersten waren, die Münzen als Geld verwendet haben.

Lernens nichts wert sei, „außer, wenn etwas davon Geld (*argyrion*) bringt" (IX 581d1–3). Hier wird besonders deutlich, dass Platon mit dem dritten Seelenteil eine Lebensweise verbindet, deren primäres Ziel finanzieller Gewinn ist.

Offenbar nimmt Platon an, dass diese Begierde nach Geld so stark ist, dass jeglicher Umgang mit Geld den dritten Seelenteil weiter nährt und verstärkt, sodass letztlich der vernünftige Seelenteil die ihm zustehende Rolle der Vorherrschaft verliert. Wie dies genau vorzustellen ist, zeigt Platon in Buch VIII und IX der *Politeia*. Dort schildert Platon, wie der Idealstaat verfällt. Der Verfall setzt damit ein, dass aufgrund einer eugenischen Fehlplanung unter den Philosophenkönigen Menschen sind, die keine vollkommen harmonischen Seelen mehr haben, sondern deren dritter Seelenteil Begierde nach Besitz und Geld hegt. Diese setzen durch, dass die strengen Besitzregeln des Idealstaats gelockert werden. In der Folge erwerben die Regierenden private Häuser und beginnen, Geld und Reichtümer zu horten (Rep. VIII 547b). Damit wird ein seelischer und gesellschaftlicher Verfallsprozess eingeleitet, bei dem zunächst die Begierden nach Reichtum und Geld, und später auch alle anderen Begierden des dritten Seelenteils die einzelnen Menschen und ihr Zusammenleben dominieren.[36]

Die Besitzregeln der *Politeia* und ihre psychologische Begründung zeigen also, dass Platon auch in diesem Werk eine Unvereinbarkeit von kommerziellen Tätigkeiten und einer guten Seele annimmt. Sobald sich die Philosophinnen und Philosophen dem Gelderwerb widmen, stärken sie unweigerlich den dritten Seelenteil, was nicht kompatibel ist mit einer harmonischen Seelenordnung.

36 In den *Nomoi* führt Platon den Gedanken fort, dass Begierden nach Geld destruktiv sind und daher besonderer Kontrolle bedürfen. Hier nur einige Beispiele für die entsprechenden Maßnahmen: Für die Bürger wird ein Verbot von Erwerbsarbeit und Handel verhängt; der Gütertausch wird Ausländern aufgetragen bzw. solchen Menschen, deren charakterliche Degeneration für die Polis keinen Schaden bedeutet; das für den Gütertausch notwendige Münzgeld hat außerhalb der Stadt keinen Wert; Vermögensgrenzen werden festgelegt; schon die Lage der Stadt erlaubt nur eingeschränkten Handel. Vgl. zum Verbot der Erwerbsarbeit in den *Nomoi* den Beitrag von Susan Sauvé Meyer: The Moral Dangers of Labour and Commerce in Plato's Laws, in: Symposium Platonicum 6 (2003) 207–214.

3. Ist Platons Kritik an Gelderwerb mit seinem Begriff vom menschlichen Gutsein (aretê) vereinbar?

Zum Schluss möchte ich auf ein Problem hinweisen, das sich hier für Platons Vorstellung von einer gerechten, harmonischen Seele und generell für seine Vorstellung vom menschlichen Gutsein ergibt. Die strengen Besitzregeln, die Platon in der *Politeia* für die vollkommen gerechten Philosophinnen und Philosophen einführt, legen nahe, dass Platon letztlich annimmt, Gelderwerb sei mit dem Erwerb einer gerechten Seele unvereinbar. Vollkommen gerecht sind nur die Philosophinnen und Philosophen – und diese nur solange, wie sie sich an die Besitzregeln halten und den im dritten Seelenteil verorteten finanziellen Begierden keinen Raum schenken. Sobald sie die Besitzregeln lockern, werden sie unweigerlich immer ungerechter. Bereits bei der Debatte um die Honorarforderungen der Sophisten klingt an, dass nach Platons Meinung das menschliche Gutsein nicht vereinbar ist mit kommerziellen Tätigkeiten und Gewinnstreben.

Aus dieser Unvereinbarkeitsthese ergeben sich zwei Probleme für Platons Philosophie: Ein erstes Problem besteht darin, dass Platon v. a. in den Frühdialogen das menschliche Gutsein (*aretê*) als dasjenige Wissen bestimmt hat, das den rechten Gebrauch an sich ambivalenter oder neutraler Dinge garantiert. Im *Euthydemos* heißt es etwa, dass Reichtum an sich sowohl gut oder schlecht sein kann und erst durch das Gutsein, näherhin die *sophia* (Weisheit), zu einem Gut wird (Euthyd. 280d1–7), weil sie den rechten Gebrauch von Reichtum und anderen Dingen garantiert. Wie kann es vor diesem Hintergrund sein, dass das Gutsein, das im Wissen vom rechten Gebrauch von Dingen wie Reichtum/Geld besteht, durch Gelderwerb gefährdet wird? Eine mögliche Antwort auf diesen ersten Punkt wäre, dass Platon in den frühen Schriften eine moderatere Position vertritt als in der *Politeia* und in den *Nomoi*: Während er in den Frühschriften das Gutsein als ein Wissen definiert hat, das auch den richtigen Gebrauch von Geld und Reichtum garantieren kann, vertritt er in der *Politeia* die pessimistischere These, dass das Gutsein der Seele aufgrund des schwer zähmbaren Begierden des dritten Seelenteils immer in Gefahr ist. Daher darf der Tugendhafte keinesfalls Chrematistik betreiben.

Doch selbst, wenn eine solche entwicklungstheoretische Sicht auf Platon legitim ist, stellt sich ein zweites Problem: In der *Politeia* wird das Gutsein (*aretê*) als eine Seelenverfassung beschrieben, die man durch

Erkenntnis und Erziehung erwirbt. Im oben zitierten Text heißt es beispielsweise, dass die beiden oberen Seelenteile, der vernünftige und der muthafte (*logistikon* und *thymoeides*) bei guter Erziehung den dritten Seelenteil kontrollieren können. Warum sind dann darüber hinaus Besitzregeln zur Kontrolle des dritten Seelenteils (*epithymêtikon*) nötig? Warum bedarf es externer Maßnahmen, um die gerechte Seelenverfassung zu stabilisieren?

Obwohl ich keine letzte Antwort geben kann, möchte ich hier doch auf zwei Passagen verweisen, die das Problem vielleicht etwas entschärfen können. Platon deutet an, dass (1) die Besitzregeln auch von den Philosophinnen und Philosophen selbst eingesehen werden (Rep. IV 423e-424a). Dies bedeutet, dass die Besitzregeln nicht als rein externe Maßnahmen zu begreifen sind, die den Philosophinen und Philosophen aufgezwungen werden. Vielmehr könnte es so sein, dass die philosophische Ausbildung ihnen ein Wissen darüber vermittelt, wie ihre seelischen Schwächen liegen, und sie zur Einsicht führt, dass Besitzregeln die geeignete Maßnahme sind, den dritten Seelenteil zu kontrollieren. Platon deutet weiterhin an, dass (2) die vollkommen gerechten Seelen auch durch Gelderwerb nicht korrumpierbar wären (Rep. IV 443e; vgl. Leg. XI 918d-e). Es könnte also sein, dass Platon durchaus der Ansicht ist, Gelderwerb führe nicht unweigerlich zur Korruption eines gerechten Menschen, dass er diese Möglichkeit aber nicht näher ausführt.

Dennoch ist festzuhalten, dass Platon nirgendwo einen Weg beschreibt, wie man zugleich das menschliche Gutsein erreichen und Gelderwerb betreiben kann. Die vollkommen gerechten Philosophen der *Politeia* leben nach strengen Besitzregeln, Sokrates lehnt Honorare ab, und unter den Sophisten oder anderen Geschäftsleuten findet sich bei Platon kein Beispiel für einen guten Menschen. Es gibt bei ihm also kein Modell, das Gutsein und Gelderwerb miteinander vereint.

Der Oikos-Vorstand als Entrepreneur

Gewinnträchtige Praxis in Xenophons *Oikonomikos*

Johannes Unholtz

1 Einleitung

In der griechischen Antike gilt der Oikos im Sinne von Haus, Besitz und Hausgemeinschaft als der Raum des Zusammenlebens, der jeder weiteren Gemeinschaft vorausgeht. Schon unter den Sophisten wird die Frage, wie man „sein Hauswesen am besten verwalten“[1] kann, neben der Politik, Hauptgegenstand eines zeitgenössischen Lehrprogramms. In der Folge reflektieren oikonomische Schriften die Kunst und Wissenschaft von der rechten Führung eines Oikos.

So betrachtet der Athener Xenophon in seinem Werk *Oikonomikos*[2] die verschiedenen Beziehungen zwischen den Mitgliedern des Hauses, einschließlich der Sklaven, und gibt Empfehlungen ab für die Vortrefflichkeit des Einzelnen im häuslichen Funktionsverband.[3] Überraschenderweise wird am Ende der Paränesen, die das Bewahren und das Sichkümmern, die Zusammenarbeit und Eintracht favorisieren, ein innovatives Praxis-Modell vorgestellt. Dessen vorrangiges Ziel besteht darin, Gewinn zu erzielen. Es soll nun nachgewiesen werden, dass dieses besondere Lehrstück in Xenophons Schrift in vielerlei Hinsicht einem modernen Verständnis von Unternehmertum nahekommt. Gleichzeitig soll herausgearbeitet werden, wie sich der xenophontische Sokrates zu dieser Art von Gewinnstreben stellt.

1 Plat. Prot. 318 e (Ü.: F. Schleiermacher)

2 Als Textausgabe und Übersetzung wird hier verwendet: Xenophon, Ökonomische Schriften, Griechisch und Deutsch von Gert Audring (Berlin 1992).

3 Siehe hierzu: Johannes Unholtz: Gutsein im Oikos. Subpolitische Tugenden in den ökonomischen Schriften der klassischen Antike (Mainz 2010, Dissertation).

2 Von der Landwirtschaft zur Land-Wirtschaft

Szenischer Ausgangspunkt der Schrift *Oikonomikos* ist die Bitte um Unterweisung, die der junge, äußerst wohlhabende, aber unerfahrene Hausherr Kritobulos an Sokrates richtet. Sokrates selbst kann und will nur wenig zur Belehrung beitragen. Er besinnt sich aber auf den ausgewiesenen *oikonomia*-Experten Ischomachos, der zugleich als Muster eines *kaloskagathos* gilt. Dessen Erfahrungswissen und Ratschläge trägt Sokrates in diversen Unterrichtseinheiten vor.

In diesem Sinne sind die letzten Kapitel des *Oikonomikos* der Unterweisung in Landwirtschaft und Gartenbau gewidmet. Dabei ist der Boden selbst ein leicht zu verstehender Lehrmeister, der „die Schlechten und die Trägen aufs beste zu ermitteln" scheint. Der Agrarfachmann Ischomachos achtet den Eigencharakter von kultiviertem Boden so sehr, dass für ihn eine „dem Boden innewohnende Ertraglosigkeit ein sicherer Anzeiger einer schlechten Seele [*psyche kake*]" ist.[4]

2.1 Der Schritt zum Unternehmertum

Nach der von Tradition und Bodenverbundenheit geprägten Unterweisung im Landbau findet ganz am Ende des Werkes unverhofft eine Wende statt: der inhaltliche Übergang von der Landwirtschaft zur Land-Wirtschaft, vom Landbau hin zum gewinnorientierten Handel mit aufgekauften Ackerflächen.

In einem aktuellen Beitrag zur ökonomischen Dogmengeschichte wird der Umschwung so dargestellt:[5]

> Und nun erfolgt eine jener unverhofften Wendungen, die hinter dem braven Landmann den Geldkapitalisten erkennen lassen – so plötzlich, dass man sich Atem holend fragt, ob alles nur Maske war.

Der betreffende Textabschnitt soll jetzt näher betrachtet werden; es handelt sich um das Textstück Xen. Oik. 20, 22–29.

In den ersten beiden Sätzen 22 bis 23 beschwört Ischomachos die Erinnerung an seinen Vater, der vorrangig unbestelltes Land aufkaufte, die brachliegenden Stücke aufbereiten ließ und mit hohem Gewinn

---

4 Xen. Oik. 20, 14.

5 Bertram Schefold: Xenophons „Oikonomikos": Der Anfang welcher Wirtschaftslehre?, in: B. Schefold, Beiträge zur ökonomischen Dogmengeschichte. Ausgewählt und herausgegeben von V. Caspari (Düsseldorf 2004) 1–20, S. 17.

wieder verkaufte. In Satz 24 sieht Ischomachos in dem Vorgehen einen bestimmten Gedanken (*enthymema*), eine Geschäftsidee, wie wir heute sagen würden, und diese sei ebenso viel wert, wie sie leicht zu verstehen sei. Offensichtlich war zu einem späteren Zeitpunkt Ischomachos Partner seines Vaters geworden, indem der Sohn Satz 24 im Plural berichtet, „dass wir schon viele Landstücke auf ein Vielfaches ihres ursprünglichen Preises gebracht haben." Ungefragt liefert Ischomachos Satz 25 ein Motiv für das chrematistische Handeln des Vaters nach: Es war seine „Liebe zur Landwirtschaft [*philogeorgia*] und zur Arbeit [*philoponia*]", die ihn dazu brachte, ein solches Landstück zu erwerben.

2.2 Diskurs um die Motivation

Genau besehen hat der Bericht bis zu dieser Aussage lediglich den wertmäßigen Zuwachs (*epidosis*)[6] thematisiert, der dem abgewirtschafteten Boden mit der verbessernden Bearbeitung zufällt. Doch der angesprochene Sokrates offenbart Skepsis, indem er Satz 26 nachfragt, ob die im Wert gestiegenen Landstücke im Familienbesitz belassen oder verkauft wurden, wenn man „viel Geld" dafür bekam. Es klingt dann eher nach Beharrlichkeit, wenn Ischomachos umgehend bestätigt, dass verkauft wurde, vom Erlös aber gleich ein anderes Objekt in Besitz kam und dies – als Motiv nun zum dritten Mal beteuert – „aus Liebe zur Arbeit [*philergia*]".[7] Ischomachos' Versuch, das einträgliche Geschäft mit den wieder hergerichteten Äckern quasi als Abfallprodukt der Liebe seines Vaters zur Landwirtschaft darzustellen, wird von Sokrates nunmehr keineswegs akzeptiert. Dieser sieht (Satz 27 f.) im geschilderten Vorgehen eine Parallele zur kommerziellen Aktivität der Getreidegroßhändler, denen er ironisch die Liebe zum Getreide (*philositoi*) zuschreibt. Diese deckten sich dort, wo es Getreide „am meisten" gibt – und damit zu niedrigen Marktwerten – mit Vorräten ein und strebten anschließend deren Verkauf zu maximalen Preisen an, nicht irgendwo, sondern dort, „wo es einen hohen Wert hat" (Satz 28), somit aus dem Gesetz von

6 Xen. Oik. 20, 23. Mit anderer Akzentuierung, nämlich der von Ischomachos herausgestellten Amelioration übersetzt Klaus Meyer: Xenophons „Oikonomikos". Übersetzung und Kommentar (Westerburg 1975). *epidosis* an dieser Stelle mit „Verbesserung", ebenso Sarah Pomeroy: Xenophon, Oeconomicus, A Social and Historical Commentary, with a new English translation by Sarah B. Pomeroy (Oxford 1994).

7 Xen. Oik. 20, 26.

Angebot und Nachfrage Gewinn schöpfend. „Etwa in dieser Art“ vermutet Sokrates, muss des Vaters Liebe zur Landwirtschaft gewesen sein.

Der Topos von der wahren Motivation hat schon längst eine Eigendynamik entwickelt, die auf einen ernsthaften Konflikt schließen lässt. Und so zieht Ischomachos in Satz 29, nachdem er Sokrates' Spott als solchen bezeichnet hat, die Häuserbauer zum Argument heran, die doch auch das Häuserbauen lieben und die fertiggestellten Häuser verkaufen und danach andere bauen.[8] Der Riss zwischen den divergierenden Ansichten könnte nicht größer sein, eine Lösung scheint nicht in Sicht und die entstandene Spannung wird keineswegs gemildert oder gar aufgelöst durch Sokrates' abschließende Aussage:

> Bei Zeus, Ischomachos, [...] ich versichere dir feierlich, dir fest zu glauben, dass von Natur aus alle das lieben, wovon sie Nutzen zu haben meinen.“[9]

3 Analyse des neuen Paradigmas

Der Umschwung, den der Paradigmenwechsel von der Landwirtschaft in die Land-Wirtschaft darstellt, ist es wert, genauer betrachtet zu werden. Leitend sollen dabei die folgenden Fragen sein:

(1) Worin besteht das genuin Neue im Bild des Hausherrn?
(2) Was macht das Besondere der Geschäftsidee, des *enthymema*, aus?
(3) Inwieweit wird das Modell der *kalokagathia* modifiziert, das sowohl für Sokrates als auch für Ischomachos eine Zielgröße darstellt?

3.1 Der Oikos-Vorstand als Entrepreneur

Zur weiteren Betrachtung möchte ich auf eine These zurückgreifen, die modernes Unternehmertum anhand von vier Grundfunktionen fest zu machen versucht. Ein solcher Ansatz ist zu finden bei dem Soziologen Ulrich Bröckling in seinem Werk „Das unternehmerische Selbst“[10]. Bröckling seinerseits leitet seinen Befund ab u.a. aus den Arbeiten von Joseph Schumpeter und Ludwig von Mises. Die Proposition lautet:

---

8 Xen. Oik. 20, 29.
9 Xen. Oik. 20, 29.
10 Ulrich Bröckling: Das unternehmerische Selbst. Soziologie einer Subjektivierungsform (Frankfurt a.M. 2007).

> Unternehmer sind *erstens* findige Nutzer von Gewinnchancen, *zweitens* Neuerer, sie übernehmen *drittens* die Unsicherheiten des ökonomischen Prozesses und koordinieren schließlich *viertens* die Abläufe von Produktion und Vermarktung.[11]

Die Validität der Bröcklingschen Proposition möchte ich nun mindestens so hoch ansetzen, dass es sich lohnt, sie zur Spiegelung des xenophontischen Unternehmers heran zu ziehen. Gelingt es, die vier eben aufgelisteten Bestimmungen modernen Unternehmertums im Bericht über den Vater des Ischomachos eindeutig zu identifizieren, wird offensichtlich werden, dass Xenophon eine bestimmte Form des Gutseins im Oikos, nämlich die für einen Unternehmer spezifische Leistung zu zeigen, auch aus der Perspektive von heute angemessen erfasst und dargestellt hat.

In erster Linie ist Entrepreneur, wer Chancen ergreift und man wird es, indem man sich der Prüfung stellt, die der Markt ausnahmslos jedem Unternehmenden abverlangt. V. Mises sagt dazu: Jedermann hat die Wahl, ob er sich einer solchen Herausforderung stellen will oder nicht.[12] Deutlich sind hier Parallelen zum Vater des Ischomachos erkennbar, der eine wie auch immer erkannte Gewinnchance mit mehr Arbeitseifer als die anderen zu nutzen weiß, während die zugrunde liegende Geschäftsidee gleichzeitig offen gelegt wird.

Für den Nutzer von Gewinnchancen bleiben dessen Handlungen je ein Wagnis: „Jedes Handeln ist in diesem Sinne Spekulation.“[13] Das

---

11 U. Bröckling [Unternehmerisches Selbst 2007] 110. Nach Bröckling erlaubt die Definition des Unternehmers über Funktionen eine Abgrenzung von anderen ökonomischen Funktionsträgern, wie z. B. Kapitalist, Manager, Erfinder, mit denen der Unternehmer „zwar häufig in ein und derselben Person vereint auftritt, deren Bedeutung im und für das Wirtschaftsgeschehen jedoch eine grundlegend andere ist.“

12 L. v. Mises, Nationalökonomie. Theorie des Handelns und Wirtschaftens, 1940, S. 258, zitiert nach U. Bröckling [Unternehmerisches Selbst 2007] 112: Der Markt wird gesehen nicht als getrieben von Verbraucher oder Produktion, sondern durch eine beschränkte Anzahl von am meisten Unternehmenden, die Arbitragegewinne anstreben, eben Menschen, die mit mehr Eifer und Geschick als die übrigen nach Verdienstmöglichkeiten ausschauen und sich zutrauen, besser als die anderen eine erkannte Chance in selbstverantwortetem Handeln umzusetzen.

13 L. v. Mises, Nationalökonomie. Theorie des Handelns und Wirtschaftens, 1940, S. 246, zitiert nach U. Bröckling [Unternehmerisches Selbst 2007] 112. Das Handeln ist auf die Zukunft gerichtet und deshalb im Erfolg abhängig von allen

Handeln ist auf die Zukunft gerichtet und deshalb im Erfolg abhängig von allen Änderungen der Rahmenbedingungen, die während der Handlungslaufzeit eintreten können. Häufig wird in der Literatur das Vorgehen der Familie des Ischomachos mit „Spekulation" charakterisiert,[14] obgleich im heutigen Sprachgebrauch diese Bezeichnung hauptsächlich dann gerechtfertigt erscheint, wenn Notlagen Anderer ausgenützt oder gar zum Zwecke der Ausnutzung herbeigeführt werden. Ischomachos' Erwerbungen erfolgen hingegen, wenn die Äcker aus „Nachlässigkeit [*améleia*] oder Unvermögen [*adynamía*] der Besitzer unbestellt" geblieben waren, und der Erfolg stellt sich erst dann ein, wenn tatsächlich Käufer gefunden werden, die den Aufwand für die Wiederherstellung abzugelten bereit sind. Hier wird der im eigentlichen Wortsinne spekulative Charakter sichtbar, indem die Absatzchancen umso unberechenbarer werden, je länger die ohnehin viel Zeit benötigenden Rekultivierungsmaßnahmen dauern.[15]

Das zweite Definiens des Unternehmers, dieser gesehen als Neuerer, deckt Ischomachos' Vater ab, indem er nach Aussage seines Sohnes als Erster den entscheidenden Einfall gehabt haben soll; der „gute Geschäftstrick" (so in der Übersetzung von Breitenbach)[16] sei „weder von einem anderen gelernt noch in angestrengtem Nachdenken gefunden" worden.[17] Die Charakteristik des Innovators wird dem Unternehmerbild vorrangig zugeschrieben. So zeichnet sich der Schumpeter'sche Entre-

---

Änderungen der Rahmenbedingungen, die während der Handlungslaufzeit eintreten können.

14 H. R. Breitenbach [RE 1967] Sp. 1869: „[...] einige Sätze über Landspekulation [...]", K. Meyer [Oikonomikos 1975] 176: „(und noch dazu mit Hilfe von Spekulationsobjekten)"; S. Föllinger [Ökonom 2006] 20: „[...] Art von Bodenspekulation"; Cl. Mossé [Economiste 1978] 171: „[...] l'objet de spéculations". S. Pomeroy [Oeconomicus 1994] 54 spricht dagegen von „entrepreneurship".

15 Vgl. S. Pomeroy [Oeconomicus 1994] 339: Wenn Xenophons Bericht über den Vater des Ischomachos ernst zu nehmen ist, findet dessen Land-Wirtschaft in der Zeit vor oder während des Peloponnesischen Krieges statt. In Zeiten des Krieges jedoch waren die außerhalb der Stadtmauern liegenden Ländereien nicht oder nur bedingt bebaubar und der Verwüstung ausgesetzt.

16 H. R. Breitenbach: Xenophon von Athen, in: Paulys Realencyklopädie der classischen Altertumswissenschaft (Stuttgart 1893–1980) Band 9 A 2, Sp. 1569–2052.

17 Xen. Oik. 20, 25.

Dadurch unterscheidet er sich vom Typ des Kapitalisten.

preneur zu allererst dadurch aus, dass sein unternehmerischer Geist Innovationen schafft. Es ist die entscheidende Eigenschaft des Entrepreneurs, schneller als andere und vor allem „ohne gezieltes Vorgehen zu lernen."[19]

3.1.3 Die dritte Konstituente „Unternehmerischer Wagemut" bestimmt den Typus des Unternehmers dadurch, dass er die Unsicherheiten des ökonomischen Prozesses zu übernehmen bereit ist; Kennzeichen der Unternehmerfunktion ist damit die „Untrennbarkeit von Verantwortung und Kontrolle."[20] In diesen Bereich passen sehr gut die xenophontischen Ausführungen im *Oikonomikos* zur Ausbildung der Sklavenverwalter, der *epitropoi.*[21] Es ist anzunehmen, dass ihnen und ihren Sklavenmannschaften die Rekultivierung der angekauften Böden anvertraut war, insbesondere wenn die Liegenschaften weit auseinanderlagen. Xenophon beschreibt in einer Weise, die für die Antike einmalig ist, wie der Hausherr seinen Sklavenverwalter zu seinem Stellvertreter ausbilden und ihm weitest mögliche Verantwortung übertragen soll.[22] Ganz anders etwa als später Aristoteles, der den Sklaven lediglich als minimal ausgebildetes Werkzeug seines Herrn sieht. Und hinsichtlich des Stichworts „Wagemut" lässt der vorliegende Textabschnitt keinen Zweifel daran, dass die notwendigen Investitionen auf persönliches, eigenes Risiko erfolgten.

Schließlich gilt als vierte Bestimmung des Unternehmerseins ein dynamisch verstandener Begriff der Koordination, der den Entrepreneur zu einem „Protagonisten des Wandels"[23] macht, von der Annahme ausgehend, „dass Ineffizienz die Regel und Effizienzsteigerung stets möglich ist."[24] Eine solche Bekundung hätte auch vom Vater des Ischomachos

---

19 Israel Kirzner, Unternehmer und Marktdynamik, 1988, S. 170, zitiert in U. Bröckling [Unternehmerisches Selbst 2007] 114.

20 Frank Knight, Risk, Uncertainty, and Profit, 1921/1964, S. 270 f., zitiert in U. Bröckling [Unternehmerisches Selbst 2007] 118.

21 Exemplarisch sei als eine der Empfehlungen Xen. Oik. 12,19 zitiert: „Wer jemanden sorgsam machen will, muß die Arbeiten überwachen und beurteilen können, Anerkennung für gut ausgeführte Arbeiten demjenigen zukommen lassen wollen, der sie geleistet hat, und nicht zögern, dem Nachlässigen die gehörige Strafe zu erteilen."

22 Zur Problemstellung, inwieweit sich die xenophontischen Paränesen zum Umgang mit den Sklaven in einen Kanon des Gutseins im Oikos einordnen lassen, siehe J. Unholtz [Gutsein im Oikos 2010] 78 f.

23 Mark Casson, The Entrepreneur. An Economic Theory, 1982, S. 24, zitiert in U. Bröckling [Unternehmerisches Selbst 2007] 120.

24 U. Bröckling [Unternehmerisches Selbst 2007] 121.

kommen können, indem der Sohn ihn zu Beginn des betrachteten Textabschnitts mit den Worten einführt:

> „Dass jedoch denen, die imstande sind, sich Mühe zu geben [*epimeleisthai*], und die sich mit aller Kraft der Landwirtschaft widmen [*georgein*], ein sehr brauchbarer Geldgewinn [...] erwächst, hat mein Vater selbst als Grundsatz befolgt und auch mich gelehrt.“[25]

Bröckling stellt in seiner Untersuchung fest: Zum Wandel im Sinne von „Gegen den Strom schwimmen“ gehört, dass er erst dann als Fortschritt gesehen und von anderen aufgenommen und imitiert wird, wenn der Erfolg nachweislich ist und sich seine Überlegenheit gegenüber dem Istzustand gezeigt hat.[26] Auch dieser Aspekt findet sich unschwer im vorliegenden Quellentext: Zuerst wird der Erfolg konstatiert, eindeutig messbar als ein „Vielfaches“ des Einkaufspreises, dann folgt die Einladung an Nachahmer „so dass du [...] davongehst und einen anderen [von dieser Geschäftsidee] belehrst, wenn du willst.“[27]

Xenophons Lehrstück *Oikonomikos,* ein „wahrer Klassiker der Nationalökonomie“,[28] hat in einem knappen Exkurs das Bild eines Oikos-Vorstandes gezeichnet, das eine deutliche Nähe zu modernen Vorstellungen von Unternehmertum aufweist.

3.2 Das *enthymema* oder: Das besondere Konzept

Worin besteht nun das eigentlich Neue an der Geschäftsidee, an dem *enthymema,* wofür die Urheberschaft reklamiert wird? Der Quellentext legt den Schwerpunkt auf die Frage nach der wahren Motivation der Gewinnrealisierung, dabei droht das vorausgehende und eigentliche Handeln im Sinne von *prattein* aus dem Blick zu geraten: Es ist die Verbesserung des Bodens, und dies mit Hilfe all derjenigen *technai*, die im

25 Xen. Oik. 20, 22. K. Meyer [Oikonomikos 1975] im Kommentar zur Stelle sieht in *epimeleisthai* den „moralischen“, in *georgein* den „fachlichen“ Aspekt.

26 U. Bröckling [Unternehmerisches Selbst 2007] 121.

27 Xen. Oik. 20, 24.

28 Vgl. B. Schefold [Wirtschaftslehre 2004] 2: Indem Xenophons Werk einerseits die älteste, geschlossene Darstellung einer Hauswirtschaftslehre ist, andererseits die Nationalökonomie eine der wichtigsten Wurzeln in der antiken Hauswirtschaftslehre findet, ist das Werk letztendlich „ein wahrer Klassiker der Nationalökonomie“.

Text zuvor vermittelt und empfohlen werden.[29] So konnte der Leser bis zu diesem vorletzten Kapitel die Bedingungen des wirtschaftlichen Erfolgs schrittweise bereits kennen lernen. Ganz sicher und ganz besonders aber kommt in der vorgestellten Land-Wirtschaft „die eigentliche Kunst des Landbaus“[30] zur Anwendung, die Ischomachos in den Kapiteln 16 bis 19 als Fachwissen über den Ackerbau gelehrt hat.[31] Ischomachos' Vater wird also zum einen den gesammelten und neuesten agrarischen Sachverstand eingesetzt haben, um abgewirtschaftete Äcker in erkennbar gute zu verwandeln. So ist zum Beispiel vorstellbar, dass beim Kauf eines Ackers die Beachtung der Zeigerpflanzen auf den Nachbargrundstücken dem Experten helfen konnte, das Rekultivierungspotenzial abzuschätzen, oder auch zu erkennen, ob der Boden bisher wegen falscher Bepflanzung „keine Gelegenheit hat[te], seine Fähigkeit zu zeigen“.[32] Zum anderen wird er „immerhin Sorge [getragen haben], dass ihm die Arbeiter zur rechten Zeit bei der Arbeit sind.“[33]

In der Sprache des Unternehmertums ließe sich resümieren: Erst aus der Kombination von Expertenwissen und ergebnisorientiertem Kräfteeinsatz ergibt sich das besondere Produktionsumfeld, aus dem die besonderen, neuen Angebote auf den Markt gebracht werden können und ihre Abnehmer finden: nämlich fachmännisch rekultivierte Ackerflächen.

29 Peter Musiolek: Ökonomische Überlegungen der Philosophen und Publizisten im 4. Jahrhundert v. u. Z., in: E. Welskopf (Hg.): Hellenische Poleis. Krise – Wandlung – Wirkung. Bd. IV (Berlin 1974) 1910–1926, S. 1921 fasst den *Oikonomikos* aus dieser Sicht zusammen: Xenophon betrachtet „Möglichkeiten der produktiven Arbeit der Sklaven und der Erhöhung der Produktivität [...] Probleme der Rationalisierung und Intensivierung in der Landwirtschaft [...]. Dass nur durch eine intensivere Bewirtschaftung dem Boden ein höherer Ertrag abgewonnen werden könnte, war wohl eine Erkenntnis, die in der damaligen Zeit sich allgemeiner durchgesetzt hatte.“

30 Xen. Oik. 15, 3.

31 Eine bis ins zutiefst Fachliche hineinreichende Kommentierung dieser Kapitel findet sich bei K. Meyer [Oikonomikos 1975], der seine Erklärungen mit Skizzen unterstützt und Foto-Aufnahmen heute noch vorfindlicher landwirtschaftlicher Sachverhalte beifügt. Auch S. Pomeroy [Oeconomicus 1994] behandelt in ihrem Kommentar diese Kapitel agrar-fachlich eingehend und dies v. a. nach archäologischen Befunden.

32 Xen. Oik. 16, 4.

33 Xen. Oik. 20, 16–17.

3.3 Das andere Gutsein

Dem Umschwung des Paradigmenwechsels in der betrachteten Episode entspricht die Peripetie in der Dialogführung: Sokrates hat sich bislang durchweg als Fragender gezeigt, der den Experten oikonomischen Wissens, Ischomachos, immer wieder zum *kaloskagathos* qua *georgía* erhöht.[34] Bisher war er ihm Lektion für Lektion getreulich gefolgt, selbst über weit schweifende Elogen hinweg und ohne Widerspruch. Und unerwartet – der Diskurs hat sein Ende fast erreicht[35] – nimmt der Belehrte das Gesagte nicht mehr kommentarlos hin; er baut eine Gegenposition auf. Das reicht bis in die Wortwahl hinein: Sokrates karikiert die ihm präsentierten edlen Attitüden, die als Nominalkomposita alle das Vorderglied *phil* aufweisen (*philogeorgía, philoponía, philergia*), indem er die Getreidehändler als *philositoi* bezeichnet, was nur im übertragenen Sinne und nur in diesem Kontext „Getreide liebend"[36] meinen darf. Ansonsten aber bedeutet *philositoi* „die Esslustigen"[37]; eine gewöhnliche Haltung wird damit zum Ausdruck gebracht und diese steht somit in Gegensatz zu Ischomachos' moralischem Anspruch.[38]

Tatsächlich hat es Sokrates nun mit zwei Antagonisten zu tun: Ischomachos, und dieser selbst folgt einem überzeugenden Lehrer, seinem Vater.[39] Dieser, der vielleicht schon gestorben sein mag, ist Vorbild und

---

34 So zum Beispiel überschwänglich im Vorfeld: „Nenne mir nun aber auch deine eigenen Arbeiten, sagte ich, damit du Freude hast, wenn du mir erzählst, warum du in gutem Ruf stehst, und ich die Aufgaben eines „Guten und Schönen" in ihrem vollen Ausmaß höre und begreife, sofern ich das kann, [...]" (Xen. Oik. 11. 1)

35 Im nachfolgenden, letzten Kapitel folgt das Schlussplädoyer des Mentors Ischomachos.

36 K. Meyer [Oikonomikos 1975] übersetzt in Xen. Oik. 20, 27 *„philositoi"* mit „Freude haben am Getreide" und S. Pomeroy [Oeconomicus 1994] mit „[...] love grain".

37 Plat. Rep. 475 c 4.

38 S. Pomeroy [Oeconomicus 1994] 341 vermerkt, dass der Vergleich mit den Getreidehändlern, den *emporoi,* auch deshalb einen erkennbar verunglimpfenden Unterton enthält, weil der Getreidehandel den Nichtbürgern offen stand und Domäne der Metöken war.

39 Sabine Föllinger: Sokrates als Ökonom? Eine Analyse der didaktischen Gestaltung von Xenophons „Oikonomikos", in: Würzburger Jahrbücher für die Altertumswissenschaft. Neue Folge. Bd. 30 (Würzburg 2006) 5–23, S. 11, listet alle Lehr-Personen der Lehrschrift auf. Dieser Aufzählung darf, soweit es den hier behandelten Lerngegenstand betrifft, der Vater des Isomachos als Lehrer hinzugefügt werden.

zugleich – so bleibt zumindest anzunehmen – der Urheber des Vermögens, das auf den Sohn überging; der Vater hat somit den materiellen Beweis der Richtigkeit seiner Lebensauffassung erbracht, und der Sohn profitiert davon. Der jetzige Streit um die wahre Motivation erscheint vordergründig vor dem eigentlichen Konflikt. Dieser entsteht aus sich überkreuzender Zuschreibung und Repräsentation unterschiedlicher Wertesysteme. Sokrates war angetreten, in Ischomachos den *kaloskagathos* zu vernehmen, der das diesbezüglich von Sokrates' formulierte Ideal ausfüllt. Und Ischomachos zeichnet dieses Profil zunächst auch mustergültig nach.[40] Dann aber zeigt sich die ganz andere Gestalt, der überzeugte Unternehmer, der sich mit der Bestimmung der *epimeleia*, des Sichkümmerns eine Brücke zu bauen weiß hin zum Vollzug des väterlichen Auftrags, „möglichst viel" Vermögen anzuhäufen. Das neue Unternehmertum stellt die *kalokagathia* nicht generell in Frage, zumindest nicht für Ischomachos. Dieser weiß sich so sehr im Recht mit seiner erweiterten Auffassung vom Gutsein eines Oikos-Vorstandes, dass er auch im Wortgeplänkel mit Sokrates standhält: Ischomachos verweist inhaltlich durchaus überzeugend auf die beruflichen Häuserbauer als vergleichbare Unternehmertypen und prägt dabei mit dem Begriff *philoikodomoi* in Satz 29 aus dem Stegreif heraus ein Kunstwort[41].

Indem Xenophons Sokrates das neue Modell des Hausherrn an Kritobulos weiter vermittelt, lediglich aus seiner Sicht geläutert in Bezug auf die zugrunde gelegte Motivation, scheint es seine Legitimation zu erfahren.[42] Immerhin musste Sokrates darauf bedacht sein, dass aus Kritobulos „ein sehr tüchtiger Geschäftsmann [*chrematistes*]"[43] wird, hatte Letzterer doch zuvor um Rat darüber gebeten, „was zur Vergrößerung meines Haushalts zu tun sei",[44] und es musste verhindert werden, „dass er sich gegenüber dem Vermögenserwerb sorglos verhalte."[45] Indem So-

40 Vgl. Xen. Oik.11, 10–16.

41 Laut Recherche Juni 2008 in „Thesaurus Linguae Graecae. A Digital Library of Greek Literature" lässt sich die Verwendung von *philoikodomoi* erstmals bei Xenophon belegen und alleinig in diesem Zusammenhang.

42 Vgl Leo Strauss: Xenophon's Socratic Discourse. An Interpretation of the Oeconomicus. With a new, literal translation of the Oeconomicus by Carnes Lord (Ithaca 1970) 202: „[...] and thus seems to approve of it and to recommend its imitation to Kritoboulos."

43 Xen. Oik. 2, 18.

44 Xen. Oik. 2, 1.

45 Xen. Oik. 2, 7.

krates im Rahmen seines Unterrichts den modifizierten Muster-Hausherrn präsentiert und dessen Zugewinn-Maxime tradiert, sanktioniert er das erweiterte Modell für seinen Schüler: Es liegt nun am Klienten Kritobulos bzw. an dem Leser, für welchen Weg er sich entscheidet. Auf diese Weise kann der Autor Xenophon sowohl das chrematistische Modell kommunizieren als auch der Tradition der ständischen Aristokratie treu bleiben.[46]

4. Zusammenfassung

Xenophons Lehrschrift *Oikonomikos* betont durchgehend, dass Sichkümmern und dauerndes Sorgen um die anvertrauten Güter unerlässlich ist für wirtschaftliches, insbesondere landwirtschaftliches Gedeihen. Zum Ende der Paränesen wird allerdings ein neues Modell von Landwirtschaft vorgestellt, eine Land-Wirtschaft, die den Ankauf von verwahrlosten Ländereien vorsieht, deren Aufbereitung betreibt und schließlich den lukrativen Verkauf anstrebt. Es zeigt sich, dass der xenophontische Protagonist des gewinnorientierten Handelns präzise in das Profil passt, das sich in Darstellungen zum heutigen Unternehmertum finden lässt. Er zeigt sein Gutsein als Entrepreneur, indem er vier essentielle Merkmale verkörpert, nämlich das des findigen Nutzers von Gewinnchancen, des Innovators, des gesamtverantwortlichen Risikoträgers, und schließlich die Eigenschaft des Fachmanns für Effizienzsteigerung zeigt. Dazu befähigt ihn wiederum die Haltung der *epimeleia*, des Sichkümmerns ebenso wie die Anwendung seines eigenen, im *Oikonomikos* gesammelten Expertenwissens. Die Figur des Dialogpartners Sokrates verharrt zwar im überkommenen Wertesystem einer *kalokagathia,* die vorrangigem Streben nach Reichtum kritisch gegenüber steht, dennoch wird das neue Vorbild einer gewinnträchtigen Praxis tradiert. Es bleibt dem Rezipienten überlassen, welcher Orientierung er den Vorzug geben will.

46 K. Meyer [Oikonomikos 1975] 176 präsentiert zur Frage, auf welcher Seite Xenophon einzuordnen sei, mit aller Vorsicht eine parallele Sicht auf Vergil (ecl. I): Wie dort aus zwei Personen „Sehnsucht und Wirklichkeit des Dichters sprechen […] so mischen sich in Xenophons Aussagen die Realität der Zeit, die der nüchterne Pragmatiker (und als solcher spricht er immer wieder aus Ischomachos) erkannte und akzeptierte, und ständische Tradition, die (in der etwas bitteren Ironie des Sokrates) den konservativen Aristokraten verrät."

Der tugendhafte Mensch bei Aristoteles – ein (politisches) Vorbild?

MAGDALENA HOFFMANN

Wer ist der tugendhafte Mensch, den Aristoteles in seiner *Nikomachischen Ethik* immer wieder als „Richtschnur und Maß" bezeichnet? Welche Art von Mensch ist damit gemeint und wie genau ist seine Rolle zu verstehen? Trotz der zentralen Bedeutung dieses Tugendhaften geizt Aristoteles mit Hinweisen, die bei der Einordnung dieser Figur helfen könnten. Diese Zurückhaltung hat zur Folge, dass in der Forschung verschiedene Antworten kursieren, die im Folgenden einer Prüfung unterzogen werden sollen. Sie können allesamt nicht vollends überzeugen, doch auf diese Art und Weise können wir zumindest mehr darüber erfahren, wer oder was der tugendhafte Mensch *nicht* ist. Meine eigene Antwort ist im Vergleich eher bescheiden, da ich der Meinung bin, dass das genannte Erkenntnisinteresse an der Identifizierung des tugendhaften Menschen, an der Konkretisierung seiner Rolle ein modernes, kein antikes ist. Vor diesem Hintergrund wirken die wenigen, vagen Äußerungen des Aristoteles zum tugendhaften Menschen weit weniger irritierend.

Im Folgenden möchte ich kurz den Aufbau des Aufsatzes vorstellen: Im ersten Abschnitt gebe ich eine Erläuterung zum tugendhaften Menschen, indem ich ihn als Normfigur klassifiziere und seine zentralen Eigenschaften skizziere. Im zweiten Abschnitt konzentriere ich mich auf die These von seiner vermeintlichen Vorbildfunktion; in diesem Kontext setze ich mich mit der Vorstellung auseinander, dass der tugendhafte Mensch eine Art ‚Musterexemplar' im Sinne eines *Modells zur praktischen Orientierung* sei. Im Anschluss daran möchte ich im dritten Abschnitt eine modifizierte Form des ‚Musterexemplars' diskutieren, und zwar die Annahme, dass der tugendhafte Mensch *das herrschende Ethos repräsentiere.* Im letzten Abschnitt gehe ich schließlich zu einer Prüfung alternativer Verständnismöglichkeiten über.[1] Zur Textauswahl sei einschränkend

---

1 In diesem Aufsatz stütze ich mich größtenteils auf Erkenntnisse und Diskussionen, die ich z. T. ausführlicher und in einem anderem Kontext in meiner Dissertation behandelt habe: Magdalena Hoffmann: Der Standard des Guten bei Aristoteles: Regularität im Unbestimmten. Aristoteles' Nikomachische Ethik als

angemerkt, dass ich mich in meinen Aussagen in erster Linie auf Passagen in der *Nikomachischen Ethik*[2] stütze.

1. Der tugendhafte Mensch bei Aristoteles

Der tugendhafte Mensch wird in der *Nikomachischen Ethik* als *„spoudaios"* bezeichnet, was zunächst einmal mit „ernst, eifrig" zu übersetzen wäre. Bei Aristoteles bekommt dieser Begriff aber noch eine zusätzliche und zwar ethische Einfärbung: so bezeichnet Aristoteles in seiner Kategorienschrift (Cat. 7,10b5–10) *spoudaios* als die nicht-paronymische Benennung von *aretê* (Tugend), weshalb ich *spoudaios* im Folgenden mit „tugendhaft" übersetze.

Der Tugendhafte ist bei Aristoteles als eine Figur entworfen, für die ich den Begriff der Normfigur am passendsten erachte. Der Begriff der Normfigur leitet sich von der Aussage ab, dass der *spoudaios* als *„kanôn kai metron"* (Richtschnur und Maß) fungiert (1113a32 f.) – er ist also der Maßstab, die Norm:

> Der Gute beurteilt jedes Einzelne richtig, und in allen Einzelsituationen zeigt sich ihm, was wahr ist. Jede Disposition hat nämlich ihren eigenen Bereich des Werthaften und Angenehmen, und der Gute zeichnet sich vielleicht am meisten dadurch aus, dass er in allen Einzelfällen die Wahrheit sieht, indem er gewissermaßen Richtschnur und Maß dafür ist. (III 6,1113a29–33/vgl. auch I 9,1099a7–26/X 5,1176a10–19).

Dieselbe Funktion wie dem *spoudaios* lässt sich auch dem *phronimos*, dem klugen Menschen, zuordnen: Anders als sein Name es vermuten lassen könnte, ist der *phronimos* nicht bloßer ‚Repräsentant' der *phronêsis*. Die *phronêsis* wird nämlich vom *phronimos* her bestimmt, nicht umgekehrt. So heißt es: „Was die Klugheit ist, können wir erfassen, indem wir schauen, welche Menschen wir klug nennen" (EN 1140a24 f.). Aus diesem Grunde ist er auch m. E. von den *Repräsentationsfiguren* einer Einzeltugend (z. B. der Mutige, der Besonnene, der Hochherzige etc.) abzugrenzen, da letztere eine eher veranschaulichende Funktion haben. Eine zentrale Kompetenz des *phronimos* ist die Festlegung der richtigen Mitte bei der

---

Gegenstand der Partikularismus-Generalismus-Debatte (Freiburg, München 2010).

2 Alle Zitate sind der Übersetzung von Ursula Wolf entnommen: Aristoteles, Nikomachische Ethik, übersetzt und herausgegeben von Ursula Wolf (Hamburg ²2008).

Ausübung ethischer Tugenden – ihm kommt sozusagen die ‚Oberhoheit' darüber zu: „Die Tugend ist also eine Disposition, die sich in Vorsätzen äußert, wobei sie in einer Mitte liegt, und zwar der Mitte in Bezug auf uns, die bestimmt wird durch die Überlegung, das heißt so, wie der Kluge sie bestimmen würde" (EN II 6,1106b36–1107a2). Der *phronimos* ist folglich ebenso wie der *spoudaios* der äußerste Maßstab, was unweigerlich zur These ihrer Identität führen muss.

Obwohl eine solche Identität häufig implizit angenommen bzw. vorausgesetzt wird, gibt es auch Stimmen, wie die von Alfonso Gomez-Lobo, der eine solche Gleichsetzung für ein „final misunderstanding"[3] hält. Aus diesem Grunde möchte ich kurz den Nachweis der Identität führen, für die es sowohl textliche Indizien als auch systematische Gründe gibt. Die augenfälligste Textstelle, die für die Identität spricht, findet sich in Buch VII 11 (1152a7 f.), wo der *phronimos* explizit als *„spoudaios"* (tugendhaft) bezeichnet wird. Auch in Buch VI 13 führt Aristoteles die wechselseitige Durchdringung von Tugendhaftigkeit und Klugheit aus. Dort heißt es: „Aus dem Gesagten ist also klar, dass man weder im eigentlichen Sinn gut sein kann ohne die Klugheit noch klug ohne die Tugend des Charakters." (1144b30–32).

Ferner sind sowohl der *spoudaios* als auch der *phronimos* als Normfiguren einzuordnen, wie ich gerade ausgeführt habe. Beide fungieren als Standards – der *spoudaios*, indem er explizit als Norm bezeichnet wird, der *phronimos* durch die Festlegung der rechten Mitte. Da es keinerlei Verweise darauf gibt, wann man sich an welchem zu orientieren hätte, schließe ich daraus, dass Aristoteles die Identität von *spoudaios* und *phronimos* implizit stets vor Augen hatte.

Das leuchtet durchaus ein, denn es stellt sich die Frage, wie jemand wie der *spoudaios* „Richtschnur und Maß" genannt werden kann, ohne dass er zugleich in der Lage wäre, die richtige Mitte bei seiner Ausübung der ethischen Tugenden zu bestimmen, wie es dem *phronimos* zugesprochen wird. Die aufgeführten Punkte scheinen mir zwingende Gründe für die Identitätsannahme zu sein. Die Normfigur ist also eine einzige Person, die allerdings unter zwei verschiedenen Begriffen (*spoudaios*) und (*phronimos*) in der *Nikomachischen Ethik* auftaucht. Als synonyme Bezeichnungen für eine solche Normfigur werden laut dem Index

3 Alfonso Gómez-Lobo: Aristotle's Right Reason, in: Richard Bosley, Roger Shiner, Janet Sisson (Hgg.): Aristotle, Virtue and the Mean (1995 Apeiron-Sonderband), 15–34, 32.

Aristotelicus[4] auch *ho epieikês* (derjenige, der über Billigkeit verfügt) und *ho agathos* (der Gute) aufgeführt.

Wenn man sich nun näher anschaut, durch welche Eigenschaften diese Normfigur gekennzeichnet ist – wenn man also die Identität von *spoudaios* und *phronimos* tatsächlich ernst nimmt – kommt man zu folgendem Eigenschaftskatalog, der sich aus den Beschreibungen beider zusammensetzt:

1) Die Normfigur identifiziert die richtige Mitte bei der Ausübung von Tugend (vgl. EN II 6,1106b36–1107a2).
2) Die Normfigur zeichnet sich durch ihre Überlegungskompetenz aus, womit konkret gemeint ist, dass sie weder epistemische (EN VI 9,1142a20–23) noch logische Fehler (EN VI 10,1142b22 ff.) beim Überlegen begeht.
3) Die Normfigur besitzt eine unverdorbene Sicht auf das gute Handlungziel und urteilt selbst in den heiklen Angelegenheiten von Lust und Unlust richtig und wahr (vgl. EN III 6,1113a25 ff./ vgl. auch EN I 9,1099a7–26/EN X 5,1176a10–19).
4) Die Normfigur ist mit sich selbst in Übereinstimmung, sprich: ihr Strebevermögen ordnet sich affirmativ ihrem denkenden Seelenteil unter (EN IX 4,1166a13 f.–29), womit einhergeht, dass sie über Selbstliebe der ‚richtigen Art' verfügt (EN IX 8,1168b29 ff.).

An dieser Auflistung wird zusammenfassend gut deutlich, wie sich eine optimale affektive Verfassung und intellektuelle Kompetenz gegenseitig bedingen und durchdringen. Eine angemessene Einordnung der Normfigur hat dies zu berücksichtigen und entsprechend auf eine singuläre Betrachtung (z.B. durch eine einseitige Konzentration auf Aussagen zum *phronimos* einerseits oder *spoudaios* andererseits) zu verzichten.

2. Der Tugendhafte – ein Vorbild?

Eine solch herausragende Figur provoziert natürlich Nachfragen bezüglich der Identität und Funktion. Wer ist diese Figur? Und wie ist ihre Funktion einzuordnen?

Im folgenden Abschnitt möchte ich mich zunächst mit einer Einschätzung auseinandersetzen, die besagt, dass der tugendhafte Mensch,

4 Hermann Bonitz: Index Aristotelicus (Graz ^{2}1955).

sprich: die Normfigur, ein Vorbild, ein ‚Musterbeispiel', ein ‚konkretes Paradigma' sei, an dem man sich ausrichten solle.

Das exemplarische Handeln der Normfigur soll demnach Orientierung geben können, wenn Regeln in der unzuverlässigen Sphäre des Praktischen nicht greifen.[5] Aristoteles' Hinweis auf den *phronimos*, wenn es um das richtige Urteil über die angemessene Mitte geht, sowie seine Bezeichnung des *spoudaios* als „Richtschnur und Maß" (EN III 6, 1113a32 f) wird von Vertretern dieser Lesart als ein heuristisches Verfahren gedeutet, das auf der Basis einer geteilten Lebenswelt funktioniert. Demnach könne Aristoteles auf die Konkretisierung seiner Ausführungen verzichten und es an zentralen Stellen bei dieser Anmerkung belassen, weil er gewiss sein könne, dass seine Zuhörer verstünden, von wem die Rede sei. Die Normfigur ist dieser Auffassung zufolge eine leibhaftige Person, die anderen als Vorbild dient. Ein solches Verständnis setzt natürlich die öffentliche Bekanntheit und Anerkennung der Normfigur voraus. Dies impliziert zugleich, dass ihre Handlungen stets *sichtbar* und in ihrer Tugendhaftigkeit *transparent* sind. Ich möchte dieses Verständnis ein wenig zuspitzend als das *Fingerzeig-Modell* bezeichnen.

Diese Einschätzung fängt den Eindruck, den man beim Lesen bekommt, sehr gut ein: durch die häufige Nennung und differenzierte Beschreibung der Eigenschaften der Normfigur drängt sich das Bild eines solchen identifizierbaren Vorbildes geradezu auf. Dennoch möchte ich ein paar Fragezeichen hinter dieser Interpretation machen, indem ich zunächst auf den Aspekt von Sichtbarkeit und Transparenz tugendhafter Handlungen eingehe und danach die Rolle von Nachahmung erörtere.

Das Moment der Sichtbarkeit spielt zugegebenermaßen eine große Rolle in der aristotelischen Ethik: eine Ethik, die Tugendhaftigkeit bzw. ihr Fehlen zum Gegenstand von Lob bzw. Tadel erklärt, provoziert ein öffentliches ethisches Handeln, ganz abgesehen davon, dass das *bios politikos* ein Leben im öffentlichen Raum einer *polis* ist. Dennoch scheint auch Aristoteles eine gewisse Vorsicht diesbezüglich an den Tag zu legen, wenn er an einer Stelle in Buch II (1104a29 f.) die Tugenden der Mäßigkeit und Tapferkeit und ihre Betätigungen auf der einen Seite und „besser sichtbare" (*phanerôterôn*) Dinge wie Körperkraft auf der anderen Seite miteinander vergleicht. Daraus geht m. E. hervor, dass er die Tugenden zumindest nicht immer für so eindeutig erkennbar hält, wie es den Vertretern des Fingerzeig-Modells vorschwebt. Dies dürfte auch an der

5 Vgl. Nancy Sherman: Making a Necessity of Virtue. Aristotle and Kant on Virtue (Cambridge 1997) 239 f.

prominenten Rolle des Vorsatzes (*prohairesis*) für die Tugend liegen, die Aristoteles für am meisten aussagekräftig bezüglich der charakterlichen Verfassung hält – mehr noch als die Handlungen.

Damit stellt sich nun das Problem der Transparenz tugendhafter Handlungen: bekanntermaßen reicht es ja Aristoteles zufolge nicht aus, eine tugendhafte Handlung zu vollbringen, um als tugendhaft zu gelten: nein, es muss auch noch die tugendhafte Haltung hinzukommen, das richtige ‚Wie' der Handlung: So heißt es in Buch II, Kapitel 3:

> Hingegen werden die Dinge, die aufgrund der Tugenden entstehen, nicht schon dann auf gerechte und mäßige Weise getan, wenn sie selbst sich auf bestimmte Weise verhalten, sondern erst, wenn auch der Handelnde in einer bestimmten Verfassung handelt, und zwar erstens wissend, zweitens vorsätzlich – und zwar vorsätzlich um der Handlung selbst willen – drittens aus einer festen und unveränderlichen Disposition heraus. (1105a28–33)

Von diesen Bedingungen scheint mir aber die internalistische Motivation, die hier als Voraussetzung genannt wird, sich der Transparenzanforderung prinzipiell zu entziehen: wir haben keinen Röntgenblick bezüglich der motivationalen Struktur unseres Gegenübers. Ob eine tugendhafte Handlung tatsächlich um ihrer selbst willen vollzogen wurde – oder nicht, bleibt einem phänomenologischen Zugriff verborgen.

Ferner dürfte man vermuten, dass die Nachahmung für das moralische Lernen von großer Bedeutung sein müsste, wenn das *Fingerzeig-Modell* zutreffen sollte. Genau dies behauptet Wolfgang Kersting in einem Aufsatz, in dem er die Rolle von Nachahmung betont:

> Die Lösung dieses Problems (mit dem Problem ist die „Learning by doing"-These im Kontext des Erwerbs charakterlicher Tugenden gemeint, Anmerkung M. H.) ist exemplarisches Üben, ist einem Vorbild nachzueifern. Wenn man gerecht handeln muß, um ein Gerechter zu werden [...], dann muß der Tugendzögling von Anfang an auf die Vorzugswürdigkeit und Nachahmungswürdigkeit gerechten Handelns, auf die Vorbildlichkeit dieses und jenes tugendhaften Menschen hingewiesen werden.[6]

Wenn man sich aber Aristoteles' Ausführungen zur Nachahmung vor Augen führt, überrascht Kerstings emphatische Einschätzung, denn von einem ‚Nacheifern des Vorbilds', von einem moralischen Imitieren ist in der *Nikomachischen Ethik* lediglich an einer Stelle die Rede: Im Kontext der Frage, inwieweit man seine Freunde am eigenen Leid teilhaben lassen

6 Wolfgang Kersting: Der einsichtige Staatsmann und der kluge Bürger. Praktische Vernünftigkeit bei Platon und Aristoteles, in: Ders. (Hg.): Klugheit (Weilerswist 2005) 15–41, 34.

soll, heißt es in Buch IX 11, nachdem Aristoteles den ‚männlichen' Typen vom ‚weiblichen', jammernden Typen unterschieden hat: „Man muss jedoch selbstverständlich in allen Dingen den besseren Menschen nachahmen" (1117b12). In diesem Zusammenhang dürfte das allerdings nicht viel mehr heißen, als dass man sich zusammenreißen und ‚Männlichkeit' beweisen solle. Jedenfalls dürfte diese *eine* Stelle kaum geeignet sein, um für ein pädagogisches Modell der Nachahmung in Anspruch genommen zu werden.

Ansonsten taucht die Nachahmung gerade mal an zwei weiteren Stellen auf und ist überdies noch negativ konnotiert: So heißt es in Buch III, Kapitel 10 vom Tollkühnen:

> Der Tollkühne gilt aber auch als Prahler und als jemand, der die Tapferkeit nur vorspielt. Wie der Tapfere angesichts der Furcht erregenden Dinge ist, so möchte er zumindest scheinen, und so ahmt er jenen nach, wo immer er kann (1115b29–32).

Ähnlich werden in Buch IV, Kapitel 8 (1124b2 f.) die Reichen und Machthaber ohne Tugend im Vergleich zum Stolzen charakterisiert: sie ahmen ihn nach, ohne ihm ähnlich zu sein. Nachahmung scheint demnach für Aristoteles eher eine Form von Täuschung zu sein, als eine pädagogische Methode zum Tugenderwerb. Dieser Eindruck bestätigt sich, wenn man in die Kapitel 1–3 des zweiten Buches schaut, die sich mit Fragen des Tugenderwerbs auseinandersetzen: die Gewöhnung, das fortwährende Praktizieren guter Handlungen ist bei der moralischen Entwicklung entscheidend – das *eigene* Einüben.[7] Dabei ist der ‚materielle Gehalt' guter Handlungen von den Gesetzen vorgegeben, und ist nicht aus den Handlungen einer herausragenden Persönlichkeit zu exzerpieren, die darin imitiert wird.

3. Der Tugendhafte – ein politisches Vorbild?

Nun ist das *Fingerzeig-Modell* nicht die einzige Möglichkeit, sich ein Vorbild vorzustellen. Es ist auch denkbar, dass die Normfigur nicht als ‚Folie zur Nachahmung' konzipiert ist, sondern vielmehr als eine Art von ‚vorbildhafter Verkörperung der herrschenden Sittlichkeitsvorstellungen' – dieses Verständnis möchte ich als das *Verkörperungs-Modell* bezeichnen.

7 Vgl. zum Tugenderwerb den nachwievor maßgeblichen Aufsatz von Burnyeat: Myles Burnyeat: Aristotle on Learning to Be Good, in: A. O. Rorty (Hg.): Essays on Aristotle's Ethics (Berkeley 1980) 69–92.

Es stellt sich in diesem Kontext die Frage, ob sich Aristoteles an einem bestimmten historischen Typus von Menschen orientiert hat und inwieweit seine Ethik kommunitaristische Züge trägt.

Beginnen möchte ich diese Diskussion mit Franz Dirlmeier, der sich in seiner Übersetzung der *Nikomachischen Ethik* große Interpretationsfreiheiten nimmt, wenn er den *spoudaios* mit „der vollendete Repräsentant edlen Lebens"[8] wiedergibt. Dirlmeiers Übersetzung impliziert ein sehr aristokratisches Verständnis vom *spoudaios*, das durch seinen Kommentar noch zugespitzt wird, wo er die Konzeption des *spoudaios* auf die hellenistische Tradition zurückführt. Dort schreibt er:

> So werden wir uns zunächst mit der Antwort begnügen: letzte Norm sind für Ar. in der NE die edelsten Traditionen seines Volkes. Aber das spricht er so nicht aus, es steckt höchstens in seiner Erhebung der Hellenen über die Barbaren, die er mit derselben ungebrochenen Sicherheit formuliert wie Eurip. (...) oder Isoc. (...). Für die Frage, wieso die hellenischen Traditionen Allgemein-gültiges enthalten, hat er noch keine Distanz und im Grunde bleibt das so bis zum Ausgang der Antike.[9]

Dirlmeiers Fokussierung auf die hellenistische Tradition hat viel Widerspruch provoziert: Pierre Aubenque etwa gesteht zwar kulturelle Anleihen bei den ‚Repräsentationsfiguren' zu, doch die Normfigur weise eine viel konstantere Bedeutung auf, nämlich die der allgemeinen menschlichen Natur und nicht bloß die einer einzelnen ethnischen Gruppe.[10] Günther Bien verweigert sich sogar einer Diskussion von Dirlmeiers Ausführungen mit Verweis auf dessen „völkerpsychologische Relativierung": „Dirlmeiers völkerpsychologische Relativierung der Aristotelischen Antwort (...) macht diese Antwort irrelevant für jeden, der an ihr zunächst als an einer sachlich begründeten und systematisch evtl. bedeutsamen Auskunft interessiert war".[11] Es stehen sich also eine traditionalistische, kulturell imprägnierte Interpretation und eine allgemeingültige, universale gegenüber.

Diese konträren Positionen haben seit den achtziger Jahren ihre Fortsetzung in der so genannten Kommunitarismus-Universalismus-

---

8 Aristoteles: Nikomachische Ethik, übersetzt von Franz Dirlmeier (Darmstadt ^{5}1969) [Aristoteles. Werke in deutscher Übersetzung, Band 6] 18.

9 Ebd., S. 284.

10 Vgl. Pierre Aubenque: La prudence chez Aristote (Paris ^{4}2004), 49.

11 Günther Bien: Die menschlichen Meinungen und das Gute. Die Lösung des Normproblems in der Aristotelischen Ethik, in: Manfred Riedel (Hg.): Rehabilitierung der praktischen Philosophie. Band I: Geschichte, Probleme, Aufgaben (Freiburg 1972) 345–371, 360, FN 12.

Debatte gefunden. Vor allem Alasdair MacIntyre ist als einer der wichtigsten Exponenten einer kommunitaristischen Auslegung zu nennen. In seinem Buch *After Virtue*[12] hat er eine Verwahrlosung der moralischen Sprache konstatiert, die infolge des Scheiterns der Aufklärung – die er mit dem Bemühen um eine rational gerechtfertigte Moral assoziiert – eingetreten sei. Als Ausweg aus dieser desaströsen Situation setzt er sich für eine Rückbesinnung auf die Tugenden ein wie sie bei Aristoteles zu finden sind, denn das Scheitern der Moderne sei „nichts anderes als eine historische Folge der Zurückweisung der aristotelischen Tradition".[13] Die Attraktivität des aristotelischen Ansatzes sieht er insbesondere in der gemeinschaftlich verfolgten Konzeption des Guten durch Bürger, die freundschaftlich miteinander verbunden sind.[14] Gegen diese Auffassung sprechen mehrere Argumente, die Christof Rapp konzise in einem Aufsatz[15] vorgebracht hat, in dem er sich mit dem Ansatz von MacIntyre auseinandergesetzt hat. Ich möchte diese Gegenargumente an dieser Stelle nur kurz referieren: So sei eine grundlegende Fehleinschätzung MacIntyres bei dem Anfangsmoment einer *polis* festzustellen. Er missachte nämlich den Unterschied zwischen Leben im Sinne von Überleben (*zên*) und dem guten Leben (*eu zên*), weshalb er das zunächst pragmatische Motiv bei der Gründung einer *polis* und die damit einhergehende Kooperation falsch einordne. Außerdem identifiziere MacIntyre den guten, tugendhaften Menschen vorbehaltlos mit dem guten Bürger in der *Politik*. Es könne zwar zu einer Koinzidenz der Tugend des vollkommenen Regenten und der Tugend des vollkommenen Mannes kommen, allerdings sei daraus noch keine unmittelbare Notwendigkeit der Identität beider Figuren zu folgern. Auch MacIntyres Verständnis von der Relation der Bürger zueinander sei von einem Missverständnis geprägt; so verwechsele MacIntyre die Nutzenfreundschaft mit der Tugendfreundschaft.

Die Position von MacIntyre bringt das kommunitaristische Anliegen zugegebenermaßen in sehr zugespitzter Form zum Ausdruck. Doch auch in gemässigteren Tönen wird die Meinung, dass Aristoteles eine lokal oder auf eine soziale Gruppe begrenzte Moral vertreten habe, geäußert.

---

12 Dt.: Alasdair MacIntyre: Der Verlust der Tugend. Zur moralischen Krise der Gegenwart (Frankfurt a. M. ^{2}1997).

13 Ebd., 160.

14 Vgl. ebd. S. 203, 209.

15 Christof Rapp: War Aristoteles ein Kommunitarist?, in: Internationale Zeitschrift für Philosophie 1 (1997) 57–75.

Peter Simpson beispielsweise bezeichnet sie als „Gentlemanly Ethics"[16], da allein die Meinung der Aristokraten ausschlaggebend sei. In dieser Sichtweise ist ein besonderes Verständnis impliziert, nämlich dass die in der *Nikomachischen Ethik* beschriebenen Tugenden Ausdruck des Sittlichkeitsverständnisses der athenischen *polis* zu einer bestimmten Zeit seien. Wenn dies aber der Fall wäre, dann ist nicht nachzuvollziehen, warum Aristoteles manche Tugenden nicht zu benennen weiß. Das Beispiel der Tugend, die sich auf Ehrungen im kleineren Maßstab (im Vergleich zur *megalopsychia*) bezieht, weist vielmehr auf eine Traditionsungebundenheit hin.[17] Außerdem wird diese Position dem argumentativen Aufbau der *Nikomachischen Ethik* nicht gerecht: Die ethischen Tugenden werden nach Einführung der *mesotês*-Lehre erörtert und deren Darstellung orientieren sich strikt an ihr. Die Ausführungen der Tugenden mögen durchaus kontextsensitive Passagen enthalten, doch deren Fundament verdankt sich der Konzeption von der Lehre von der Mitte, die darüber hinaus auch noch eine Situationsrelativität beinhaltet, die durch die dargestellten Tugenden gar nicht vollends eingeholt werden kann.

Von dem kommunitaristischen Fokus auf das Ethos einer Gemeinschaft bleiben außerdem individuelle und universale Aspekte der aristotelischen Ethik unbeachtet. Wie im Eigenschaftskatalog im ersten Abschnitt des Beitrags angeklungen ist, verfügt die Normfigur über ein optimales Selbstverhältnis und über Selbstliebe der ‚richtigen Art'. Ein Blick in das 9. Buch zeigt nun, dass eben dieses Selbstverhältnis der Normfigur das Paradigma für Freundschaft ist. Die freundschaftliche Bande ist daher aus dem Selbstverhältnis und der Selbstliebe des *spoudaios* abgeleitet und nicht umgekehrt. Überhaupt zeichnen sich gerade die Eigenschaften der Normfigur durch ihren grundlegenden, allgemeinen Charakter aus. Auch der zentrale universale Aspekt der menschlichen Natur, die im *ergon-tou-anthrôpou*-Argument und damit für die gesamte aristotelische Ethik eine tragende Rolle spielt, kann durch den Hinweis auf athenische Üblichkeiten nicht eingefangen werden.

Angesichts der diskutierten Gegenargumente spricht meiner Meinung nach viel dafür, eine gemässigte Position einzunehmen: Aristoteles

---

16 Peter Simpson: Vices, Virtues, and Consequences. Essays in Moral and Political Philosophy (Washington D.C. 2001) 99.

17 vgl. Martha Nussbaum: Nicht-relative Tugenden. Ein aristotelischer Ansatz, in: Klaus Peter Rippe, Peter Schaber (Hg.): Tugendethik (Stuttgart 1998) 114–165, 119.

beweist zwar viel Kontextsensitivität, doch dies muss nicht zwingend als ein Indiz für eine kommunitaristische Auslegung verstanden werden. Diese eher zurückhaltende Position erhält auch Unterstützung durch die Rolle der Billigkeit, die die Normfigur m. E. aus systematischen Gründen innehat: Im Kontext der Billigkeit erweist sich die Normfigur als vertraut mit den Gesetzen; gleichzeitig besitzt sie aber die darüber hinausgehende seltene Begabung das Gesetz ‚im Geiste fortzuschreiben', was von einer eigenen moralischen Souveränität zeugt, die nicht durch eine kommunitaristische Pointe eingefangen werden kann.

Aus der vorhergehenden kritischen Diskussion einer kommunitaristischen Position ist allerdings auch nicht der gegenteilige Schluss zu ziehen nämlich, dass die Konzeption der Normfigur auf eine Existenz außerhalb des Gemeinwesens und der Öffentlichkeit ausgerichtet sei. Eine solche Argumentation ist bei Rudolf Schottlaender zu finden, der eine Festlegung des *spoudaios* auf eine staatsmännische Aktivität bezweifelt.[18] Er spitzt diese Auffassung noch zu, indem er sogar eine ‚Außenseiterrolle' für den *spoudaios* für möglich erachtet, da sein Urteil von der allzu lustbetonten Menge schnell abweiche. Er weist zwar damit zu Recht daraufhin, dass sich die Normfigur von der Menge, den *polloi* unterscheide, doch dies reicht als Argumentationsbasis nicht aus, um sie in die Position eines ‚Outsiders' zu drängen.

Die Normfigur scheint folglich innerhalb der *polis* situiert zu sein, ohne dass sie als *Verkörperung* der Sittlichkeitsvorstellungen der *polis* verstanden werden sollte. Es stellt sich allerdings die Frage, wie dann beispielsweise mit Textstellen umzugehen ist, die die Normfigur tatsächlich als ein Vorbild einordnen: „Was die Klugheit ist, können wir erfassen, indem wir schauen, welche Menschen wir klug nennen" (EN VI 5, 1140a24 f.). Insbesondere die Ausführungen zum *phronimos* in Buch VI legen nahe, dass Aristoteles die Orientierung an öffentlich agierenden Männern vorgeschwebt hat. So ist in VI 5 explizit von „Perikles und Menschen seiner Art" die Rede:

> Aus diesem Grund glauben wir, dass Perikles und Menschen seiner Art klug sind, weil sie nämlich erwägen können, was für sie selbst und die Menschen gut ist; auch diejenigen, die ein Haus oder einen Staat leiten, halten wir für so beschaffen. (EN VI 5, 1140b7–11)

18 Rudolf Schottlaender: Der aristotelische ‚spoudaios', in: Zeitschrift für philosophische Forschung 34 (1980) 385–395.

Die Nennung von Perikles erfolgt zum ersten und einzigen Mal in einer der ethischen Schriften des Aristoteles; im *Protreptikos* und in der *Eudemischen Ethik* gelten noch Anaxagoras und Pythagoras als *phronimoi* im weiteren Sinne.[19] Anaxagoras wird in der *Nikomachischen Ethik* hingegen als ein *sophos* bezeichnet (wie auch Thales) – die stärkere Unterscheidung zwischen *phronêsis* und *sophia* in der *Nikomachischen Ethik* zeigt sich offenbar an einer Neubewertung der Repräsentanten. Mit der Erwähnung von Perikles hält laut Aubenque die genuin politische Erfahrung Einzug in die Moral.[20] Für diese Einschätzung spricht m. E. auch der enge Zusammenhang von *phronêsis* und Staatskunst, der vor allem in Buch VI, Kapitel 8 dargestellt wird; in diesem Kontext wird die *phronêsis* als *euboulia* charakterisiert. In der *euboulia* als Beratschlagung ist der öffentliche Raum bereits impliziert. Die Bedeutungsvielfalt von *phronêsis* als praktischer Wahrheit und *aisthêsis* wird durch diese Fokussierung auf die *euboulia* allerdings eingeschränkt, weshalb Perikles, wenn überhaupt, nur einen Teilaspekt der *phronêsis* abzudecken vermag. Daher scheint es mir legitim zu sein, in der expliziten Nennung von „Perikles und Menschen seiner Art“ vielmehr ein Mittel der Veranschaulichung zu vermuten, das in erster Linie didaktischen Gründen zu verdanken ist. Es ist denkbar, dass die konkreten Nennungen von Perikles, Anaxagoras und Thales in Buch VI der stärkeren Abgrenzung der *phronêsis* zur *sophia* dienen sollen, indem die Kontrastierung durch die Personifizierungen deutlicher hervortreten soll. Für diese Sichtweise würde auch sprechen, dass Aristoteles im Kontext des praktischen Könnens ebenfalls zur Personifizierung greift, vgl. EN VI 7, 1141a10.

Ich möchte für den Moment zusammenfassen: Auch wenn Aristoteles in seinen Schriften an einigen Stellen zum Mittel der Exemplifizierung greift, muss dies noch nicht so ausgelegt werden, dass die Normfigur als ein Vorbild in dem Sinne zu verstehen ist, dass sie das herrschende Ethos verkörpere. Denn bis auf diese eine Stelle in EN VI 5 verzichtet Aristoteles auf jegliche namentliche Nennung eines *phronimos*; der *spoudaios* wird im Übrigen gar nicht mit einer historischen Person in Verbindung gebracht.

---

19 Vgl. P. Aubenque: La prudence chez Aristote, 51 f.; Richard Walzer: Magna Moralia und Aristotelische Ethik (Berlin 1929), 190.

20 Vgl. P. Aubenque: La prudence chez Aristote, 55.

4. Alternative Verständnisoptionen

Die Vorbehalte gegenüber einer allzu starken Betonung der Vorbildfunktion der Normfigur habe ich soeben deutlich gemacht. Wenn die Normfigur aber nicht (ausschließlich und in einem starken Sinne) als ein Vorbild zu interpretieren ist, welche Optionen des Verständnisses bleiben dann noch? Handelt es sich bei der Normfigur womöglich um ein unerreichbares Ideal? Als ein solches betrachtet ihn David Glidden, der den *phronimos* ein „imaginery ideal" bzw. „moral fiction" nennt.[21] Für diese Sichtweise könnte sprechen, dass Aristoteles der Normfigur neben den eingangs genannten Kennzeichen m. E. noch systematische Eigenschaften wie etwa Unfehlbarkeit ebenso wie eine fundamentale Unerschütterlichkeit ihrer Tugendhaftigkeit zugewiesen hat, die eine Regularität in ihrem tugendhaften Sein offenbart, die unrealistische Züge trägt.

Doch auch diese Interpretation kann nicht gänzlich überzeugen: Ein Grund, der dagegen spricht, besteht darin, dass Aristoteles zwar wiederholt die Schwierigkeit des tugendhaften Handelns konstatiert (vgl. EN II 5, 1106b31 ff.), es aber dennoch für *prinzipiell* umsetzbar hält; wobei es eine Korrelation zwischen Schwierigkeitsgrad und Seltenheit gibt: In EN II 9 heißt es: „Hierin liegt auch der Grund, warum es eine schwierige Aufgabe ist, gut zu sein. Denn in jedem einzelnen Fall ist das Finden der Mitte eine schwierige Aufgabe. (…) Gutes Handeln ist daher selten, lobenswert und edel" (1109a24 f./1109a29 f.). Aus der Seltenheit ist aber – gegen Glidden – noch nicht die prinzipielle Unmöglichkeit der Realisierung abzuleiten. Viel schwerer wiegt aber, dass eine als Fiktion angelegte Normfigur Aristoteles' eigenem Anspruch diametral entgegenstehen würde, nicht nur einen Entwurf für die praktische Sphäre vorzulegen, sondern auch einen praktikablen, für den Menschen erreichbaren und umsetzbaren. Die Vorstellung, dass die Normfigur eine bewusst als fiktives Ideal entworfene Figur sei, halte ich aus diesem Grunde für nicht plausibel.

Die Frage nach dem adäquaten Verständnis der Normfigur jenseits allzu pointierter Vorbildethik auf der einen Seite und einer fiktiven Idealisierung auf der anderen Seite ist nach wie vor offen. Dieses Ergebnis halte ich für sehr wichtig, da es eine eigentümliche Grundspannung in der aristotelischen Ethik offenbart: trotz des vielfach erhobenen Anspruchs auf Praktikabilität konzipiert Aristoteles eine Normfigur, die vollkom-

21 David Glidden: Moral Vision, Orthos Logos, and the Role of the Phronimos, in: Apeiron 4 (1995) 103–128, 106.

men zu sein scheint und auch als solche bezeichnet wird: „Vollkommen aber ist der Hochwertige" (*ho dê spoudaios teleios*) (EE VII 2, 1237a30). In dieser Bezeichnung mag nun vielleicht der Schlüssel zu einer womöglich überzeugenderen Lesart von der Normfigur stecken: Sie ist kein Ideal im Sinne einer Fiktion oder im Sinne einer wünschenswerten aber unrealistischen Konzeption, sondern eine Art ‚normativer Standard', der das menschliche Optimum anzeigt und somit auf das gute, glückliche Leben eines Menschen verweist. Ob, und wie häufig es zu einer Realisierung dieses Standards kommt, scheint für Aristoteles nebensächlich zu sein – zentral ist vielmehr die schlüssige Konzeption einer Figur, in der dank der exzellenten Durchdringung von Charakter und Intellekt, die menschliche Natur auf vollkommene Weise zum Tragen kommt.

Daher steht uns nur ein (indirekter) Weg offen zum besseren Verständnis der Normfigur – jenseits von Spekulationen über ihre Vorbildfunktion: Die argumentative Durchdringung der zentralen normativen Aussagen innerhalb der *Nikomachischen Ethik*.

II.
Transfer antiker Topoi auf gegenwärtige Fragen

Zum Normativitätsverhältnis der aristotelischen und der neoklassischen Wirtschaftsphilosophie

Effizienz und Gerechtigkeit

Michael Hebenstreit

Der vorliegende Text ist eine vorbereitende Studie zur Normativitätstheorie der Philosophie des Aristoteles und der Wirtschaftsphilosophie überhaupt. Das Normativitätsverhältnis der aristotelischen Gerechtigkeit und der neoklassischen Effizienz wird an einem Problem moderner Gesellschaften, das nach meiner Kenntnis von der orthodoxen Wirtschaftswissenschaft und ihrer Subdisziplin Wohlfahrtsökonomik nicht eigens untersucht wird, exemplifiziert. Dieses Problem ist die Wohlfahrtsdynamik in unvollkommenen marktwirtschaftlichen Wirtschaften, also den Wirtschaften, in denen wir alle leben. In meiner Untersuchung soll sich zum einen der normativitätstheoretische Ansatz als nützlich und zum anderen die Wirtschaftsphilosophie des Aristoteles auch für die Gegenwart als bedeutsam erweisen.[1]

Nach einer kurzen Erläuterung meines normativitätstheoretischen Ansatzes (1.) lege ich die Aristoteles-Kritik von Karl Homann dar (2.), um sie anschließend in drei Teilen zu deuten. Der erste Teil (3.) thematisiert die tauschtheoretische Aristoteles-Interpretation und der zweite (4.) die wachstumstheoretische Kritik an Aristoteles. In Abschnitt (5.) wird die Gegenüberstellung von Effizienz und Gerechtigkeit als das Verhältnis von Disproportionalität und Proportionalität interpretiert und deren Dynamik problematisiert. Im abschließenden Teil (6.) werden die von Homann angeführten Argumente zurückgewiesen und auf das präsupponierte neoklassische und neoliberale Paradigma des normativen Subjektivismus zurückgeführt.

---

1 Um etwaigen Missverständnissen vorzubeugen, möchte ich darauf hinweisen, dass ich nur ein normatives Paradigma der Marktwirtschaft, das subjektivistische in der Form der orthodoxen neoklassischen und neoliberalen Theorie, und nicht die Marktwirtschaft überhaupt kritisiere. Mit der Kritik des Subjektivismus ist weder Subjektivität überhaupt noch subjektive Normativität, sondern die Reduktion alles Normativen auf Subjektivität in der Kritik.

Zum normativitätstheoretischen Ansatz

Als eine paradigmatische Differenzierung und Klassifizierung neben Verhältnissen wie Sein und Sollen, Geltung und Gültigkeit, Subjektivismus und Objektivismus interessieren mich die Verhältnisse subjektiver, intersubjektiver und transsubjektiver Normativität. Die explizite Problematisierung dieser Verhältnisse habe ich das erste Mal in der Philosophie von Jürgen Habermas in den Blick genommen. Deshalb illustriere ich meinen Ansatz an der normativitätstheoretischen Perspektive von Habermas.

In seinem Essay *Drei normative Modelle der Demokratie* zeigt dieser, dass der Konflikt zwischen den konkurrierenden Konzepten des Liberalismus und des Republikanismus in einem Deliberativismus aufgehoben werden kann. Normativitätstheoretisch ist seine Argumentation interessant, weil er den Konflikt dieser politischen Traditionen als strukturellen Konflikt verschiedener Normativitäten versteht. Der Liberalismus sei im Wesentlichen ein subjektivistischer und der Republikanismus ein intersubjektivistischer Ansatz, so Habermas. In seinem diskurstheoretischen Konzept des Deliberativismus gelingt ihm schließlich eine konstruktive Integration der verschiedenen Normativitäten ohne diese und ihre Komplexität auf vermeintlich eigentliche zu reduzieren.[2] Die Untersuchung solcher Verhältnisse meine ich also, wenn ich von einem normativitätstheoretischen Ansatz schreibe.

Bei der Thematisierung des Normativitätsverhältnisses der aristotelischen und der neoklassischen Wirtschaftsphilosophie stehen transsubjektive Normativität auf der einen Seite und subjektivistische auf der anderen Seite im Fokus. Die komplexen und heterodoxen Konfigurationen der Normativität in der Wirtschaftstheorie können hier selbstverständlich nicht thematisiert werden.[3]

---

2 Jürgen Habermas: Drei normative Modelle der Demokratie (1992), in: ders.: Die Einbeziehung des Anderen. Studien zur politischen Theorie (Frankfurt a. M. 1996) 277–292

3 In normativitätstheoretischer Perspektive wären bspw. einige Konzeptionen in der Nachfolge des Utilitarismus von John Stuart Mill oder der Sozialen Marktwirtschaft, die prima facie normativ komplexere Positionen vertreten, eigens zu untersuchen.

Die Kritik des Aristotelismus

Anlass meiner Überlegungen sind zwei Texte des Wirtschaftsethikers Karl Homann. Dieser kann als der bedeutsamste deutschsprachige Moraltheoretiker des ökonomistischen Neoliberalismus gelten. Kein anderer hat die neoklassische Theorie und das von Gary S. Becker explizierte Programm, die so genannte ökonomische Verhaltenstheorie als Grundlagenkonzept aller Sozial- und Kulturtheorien zu etablieren,[4] für die Moraltheorie so konsequent vorgenommen und in der deutschsprachigen Philosophie vertreten, wie er. Neben der Zupassung der Philosophie Immanuel Kants und der Kritik an kantischen und diskurstheoretischen Konzepten der Wirtschaftsmoral, werden die Theorien des Aristoteles und die aristotelischen prinzipiell abgelehnt. Von folgenden zwei Zitaten geht meine Kritik aus. Die vormoderne Gesellschaft, so Homann,

> war eine Gesellschaft ohne nennenswertes Wachstum. Wenn in einer solchen Gesellschaft jemand zu größerem Reichtum kam, musste sich dies in Verlusten anderer niederschlagen. Kanonisches Zinsverbot, das moralische Verbot von Kapitalbildung (‚Chremastik') und die Verurteilung des Mehrhaben-Wollen (‚Pleonaxia') sowie der ganze paradigmatische Zuschnitt der vormodernen Ethik als Ethik der Mäßigung, des Maßes, finden darin ihre Begründung.[5]

Dies habe für die Ethik und die Moralphilosophie grundsätzliche Konsequenzen, ist an anderer Stelle zu lesen:

> Dieser Zuschnitt geht darauf zurück, dass vormoderne Gesellschaften gesamtwirtschaftlich Nullsummenspiele spielten. Die Moderne betritt demgegenüber als Wachstumsgesellschaft die Bühneder Weltgeschichte. Die systematische, wenn auch nicht explizierte, Voraussetzung der traditionellen Ethik und ihrer zentralen Kategorien ist damit entfallen. ... hier sind grundlegende Umbauten im Kategoriensystem der Ethik notwendig.[6]

---

4 Gary S. Becker: Der ökonomische Ansatz zur Erklärung menschlichen Verhaltens (Tübingen 1982), Martin Leschke, Ingo Pies (Hg.): Gary Beckers ökonomischer Imperialismus (Tübingen 1998)

5 Karl Homann: Ökonomik. Fortsetzung der Ethik mit anderen Mitteln, in: Alexander Fonari, Stefan Nacke (Hg.): Wirtschaftsethik im Diskurs. Eine kritische Auseinandersetzung mit Karl Homann (Münster 2002) 19–50, 31

6 Ders.: Wirtschaftsethik. Versuch einer Bilanz und Forschungsaufgaben, in: Thomas Beschorner, Bettina Hollstein, Matthias König, u. a. (Hg.): Wirtschafts- und Unternehmensethik. Rückblick. Ausblick. Perspektiven (München 2005) 197–211, 205 f.

Wie sind diese Zitate zu verstehen? Und wird erstens mit ihnen triftig gegen die Prinzipien der ‚vormodernen' Ethik des richtigen Maßes argumentiert und ist zweitens die Beschreibung der modernen Wirtschaft aus der Perspektive der modernen Wirtschaftstheorie gelungen?

Homann vermutet den Grund, weshalb die normative aristotelische Wirtschaftsphilosophie überwunden sei oder werden müsse, in der veränderten ökonomischen Basis moderner Gesellschaften und in einer neuen wissenschaftlichen Reflexion dieser Wirtschaften. Die zwei Hauptthesen sind:

1. Vormoderne Gesellschaften spielten Wirtschaften als *Nullsummenspiele*.
2. *Mäßigung* bspw. als Gerechtigkeit sei in *Wachstumsgesellschaften* obsolet.

In meiner Analyse möchte ich zeigen, dass Homann mit einer untriftigen Argumentation die Wirtschaftsethik des Aristoteles ablehnt. Dabei erscheinen neben interpretatorischen Problemen der aristotelischen Theorie interne Probleme der neoklassischen und neoliberalen Wirtschaftsphilosophie, die die Triftigkeit der zwei genannten Thesen bezweifeln lassen. Als eigentlichen Grund der Ablehnung mache ich schließlich das von Homann präsupponierte Paradigma des Subjektivismus aus, das im Gegensatz zur normativen Philosophie des Aristoteles steht.

Das tauschtheoretische Argument

Zusammen mit Andreas Suchanek hat Homann zum Konzept Nullsummenspiel/Positivsummenspiel Folgendes geschrieben:

> *Tausch ist ein Positivsummen-Spiel*, und das heißt zugleich, dass Tausch kein Nullsummen-Spiel ist nach dem Motto, was der eine bekommt, verliert der andere. Jeder Tauschpartner lässt sich auf den Tausch nur ein, wenn er den Eindruck hat, dass er dabei gewinnt. Die Kooperationsgewinne, die beim Tauschvorgang entstehen, ergeben sich aus der unterschiedlichen Wertschätzung: Die getauschten Güter gehen vom Eigentum jener, die sie weniger schätzen, über in das Eigentum jener, die sie höher schätzen.[7]

Wenn Tausch per se in diesem Sinne ein *Positivsummen-Spiel* ist, dann ist anzunehmen, dass auch zu Zeiten des Aristoteles Tausch per se als Po-

7 Karl Homann, Andreas Suchanek: Ökonomik. Eine Einführung (Tübingen 2000) 144

sitivsummen-Spiel gespielt wurde. Bei Aristoteles lesen wir,[8] dass „nicht etwa zwei Ärzte eine Austausch-Gemeinschaft bilden, wohl aber ein Arzt und ein Bauer, oder allgemein ausgedrückt: Partner, die verschiedenartig, nicht gleich sind.“[9] Wenn verschiedene Partner verschiedene Waren tauschen, bspw. Wein und Getreide, so ist dies nach Aristoteles zunächst nicht widernatürlich.[10] Desgleichen nicht der mit Geld vermittelte Tausch, wie er weiterhin erklärt: „Als nämlich die gegenseitige Hilfestellung immer mehr fremdbezogen geworden war dadurch, daß man einführte, woran man Mangel hatte, und ausführte, woran es einen Überschuß gab, da wurde notwendigerweise der Geldverkehr geschaffen.“[11] Wie kann man diese explizite Thematisierung des Tausches in der vormodernen Wirtschaft verstehen und mit der modernen Tauschtheorie des Positivsummenspiels ins Verhältnis setzen?

Aristoteles schreibt, dass wenn verschiedene wirtschaftliche Tätigkeiten von verschiedenen Menschen verwirklicht werden, diese eine Tauschgemeinschaft bilden und sie ermangelte Güter gegen überschüssige Güter tauschen. Da man Mangel an dem hat, was man braucht und nicht hat, und Überschuss an dem, was man hat und nicht braucht, und man unvermittelt oder über Geld vermittelt den eigenen Überschuss gegen den Überschuss des anderen tauscht, so tauscht man wohl das eigene überschüssige Gut, das also subjektiv einen niedrigen Wert hat gegen das ermangelte Gut, das subjektiv einen höheren Wert hat; und dies tun beide. Es wird mithin schon in der Antike das verwirklicht und beschrieben, was Homann erklärt. Wir dürfen also folgern, dass auch in der Antike bzw. in der antiken Reflexion des Tausches dieser in dem genannten Sinne als Positivsummen-Spiel gespielt wurde.

Das wachstumstheoretische Argument

Aber vielleicht ist die Behauptung, vormoderne Gesellschaften spielten gesamtwirtschaftlich Nullsummenspiele, anders zu interpretieren. Denn Homann meint zweitens, dass das Wirtschaftswachstum damit in Zu-

8 Für die philologische Beratung danke ich Thomas Busch.

9 Aristoteles: Nikomachische Ethik, Übersetzung von Franz Dirlmeier (Stuttgart 1999) 133, 1133a16 ff.

10 Ders. 2007, Politik. Schriften zur Staatstheorie, Übersetzung von Franz F. Schwarz (Stuttgart 2007) 93, 1257a

11 Ebd., 93 f., 1257a31 ff.

sammenhang stehe. Von ihm selbst habe ich keine weitere Textstelle, die der Interpretation nützlich wäre, gefunden. Stattdessen fand ich bei dem ebenfalls neoklassisch und neoliberal argumentierenden sowie mit Homann zusammenarbeitenden Wirtschaftsethiker Ingo Pies folgenden direkten Zusammenhang von Nullsummenspiel/Positivsummenspiel und Wirtschaftswachstum dargestellt:

> In Nullsummenspielen hat die Verteilung keinen Einfluß auf die Produktion. Hier gewinnt der eine, was der andere verliert. In Positivsummenspielen jedoch werden mit der Verteilung zugleich die Produktionsanreize gesetzt: Allokation und Distribution sind interdependent. Über sie kann nicht getrennt, sondern immer nur simultan entschieden (und angemessen diskutiert) werden, denn der zu verteilende Kuchen hat keine konstante Größe, sondern wächst oder schrumpft je nachdem, *wie* verteilt wird. Das aber bedeutet, daß es einen Spielraum gibt, in dem *alle* Spieler einer Ungleichverteilung zustimmen können, weil auch noch die relativ schlechter Gestellten von absolut größeren Anteilen profitieren.[12]

Soll nun diese Möglichkeit der Zunahme oder Abnahme der Gütermenge durch eine entsprechende Verteilung im Positivsummenspiel hinreichend sein, um das Konzept der Mäßigung als Grundkategorie einer modernen Ethik negieren zu können? Hätte eine Ethik der Mäßigung zwar in nicht wachsenden Wirtschaften Sinn, in wachsenden aber nicht? Wie lässt sich diese Behauptung plausibilisieren?

Um dies zu erörtern, muss ich zentrale Thesen der Wachstumstheorie sowie der Markttheorie hinzuziehen und in einer wohlfahrtsökonomischen Perspektive zusammenführen.[13] Die Zunahme der gesamtwirtschaftlich produzierten Gütermenge als Wirtschaftswachstum stellt sich die orthodoxe Wirtschaftstheorie wie folgt vor. Das neoklassische Wachstumsmodell kennt die Produktionsfaktoren Arbeit, Kapital und Technologie. Die Zunahme des Kapitals führt im Solow-Modell irgendwann zu einer stetigen Situation, in der die Wirtschaft nicht mehr wächst. Wachstumsprozesse werden dann erst wieder durch technischen Fortschritt oder Innovationen generiert. Selbstverständlich kann dieser Umstand von Beginn an berücksichtigt werden. Diese Wachstums-

12 Ingo Pies: Theoretische Grundlagen demokratischer Wirtschafts- und Gesellschaftspolitik. Der Beitrag der Gerechtigkeitstheorie, in: ders. (Hg.): John Rawls' politischer Liberalismus (Tübingen 1995) 1–19, 5

13 Im Folgenden stelle ich Grundlagen der entsprechenden Disziplinen vor. Die genannten Thesen sind Lehr- und Forschungsstandard der Wirtschaftswissenschaft. Sie lassen sich in Lehrbüchern, Enzyklopädien oder in der speziellen Literatur finden. Meine argumentative Abweichung wird kenntlich gemacht.

theorie, in der technischer Fortschritt exogen determiniert ist, wurde in den 1980er Jahren insbesondere durch die neue, endogene Wachstumstheorie, die Humankapital und technischen Fortschritt einbezieht, erweitert. Zudem entfalteten sich die von Joseph Alois Schumpeter und Friedrich August von Hayek angestoßene Innovationsökonomik und die evolutorische Ökonomik.[14]

Das ökonomische Problem des technischen Fortschritts bzw. der Innovationen ist eng verbunden mit der neoklassischen Anreizproblematik, die im obigen Zitat von Pies bereits benannt wurde. Denn das markttheoretische Referenzkonzept der Wirtschaftstheorie ist das Modell des *vollkommenen Wettbewerbs* bzw. der *vollkommenen Marktwirtschaft.* Nach den Erkenntnissen der Innovationsökonomik ergeben sich aber unter den Bedingungen des Modells des vollkommenen Wettbewerbs unmöglich technologischer Fortschritt und Innovationen. Innovationen werden nur dann kreiert, wenn durch die Innovation ein Vorteil, ein Gewinn generiert werden kann. Dieser Gewinn kann in vollkommenen Märkten nicht vom Innovator angeeignet werden, weil bspw. vollkommene Markttransparenz eine konstitutive Bedingung des Modells ist und damit Innovationen sofort imitiert würden. Aus diesen und anderen Gründen wird die Theorie vollkommener Märkte um eine Theorie der unvollkommenen Märkte erweitert und von ihr abgelöst. Diese behandelt die abweichenden und nicht nur bezüglich der Innovationsproblematik realistischeren Marktstrukturen sowie deren Resultate. Unvollkommene Märkte weisen Oligopole, Monopole und Kartelle auf. Diese Strukturen lösen u. a. auch das Anreizproblem für Innovationen, wenn bspw. temporäre Monopole durch das Patentrecht zugelassen werden.[15]

Die Wohlfahrtsökonomik vergleicht und beurteilt diese verschiedenen Marktstrukturen und deren Resultate. Sie untersucht die Wohlfahrtswirkungen vollkommener und unvollkommener Märkte sowie deren Wirkungszusammenhänge bezüglich Innovationen. Das wesentliche Beurteilungskriterium der neoklassischen und neoliberalen Wohlfahrtsökonomik ist das Pareto-Kriterium und liegt auch der Argumentation von Homann und Pies zugrunde. Mit dem Pareto-Kriterium wird die *Pareto-Effizienz* von mindestens zwei zu vergleichenden Zuständen

---

14 Vgl. z. B. Dieter Bender: Wachstum und Entwicklung, in: Thomas Apolte, Dieter Bender, Hartmut Berg u. a.: Vahlens Kompendium der Wirtschaftstheorie und Wirtschaftspolitik (München 2007) Bd. I-II, Bd. I 397–474

15 Vgl. z. B. Wolfgang Kerber: Wettbewerbspolitik, in: Th. Apolte, D. Bender, H. Berg: Vahlens Kompendium, Bd. II 369–434

einer Allokation oder Distribution beurteilt. Es wird behauptet, dass unter den Bedingungen des vollkommenen Wettbewerbs das Marktresultat oder -gleichgewicht *pareto-optimal* ist. Dies bedeutet, es ist nicht möglich auch nur ein Individuum besser zu stellen, ohne zugleich ein anderes Individuum schlechter zu stellen. Wenn es möglich sein sollte ein Individuum besser zu stellen, ohne ein anderes schlechter zu stellen, dann nennt man den dies bewirkenden Prozess, die entsprechende Maßnahme oder die resultierende Situation *pareto-superior.* Gefordert wird entweder, das Ideal des oder eines Pareto-Optimums zu erreichen oder nur eine pareto-superiore Situation zuzulassen bzw. herbeizuführen.[16]

Wenn eine politische Maßnahme die wirtschaftliche Primärverteilung des Marktprozesses in einer sekundären Verteilung umverteilt, dann ist diese Maßnahme hinsichtlich der Pareto-Effizienz zu beurteilen. Denn weil die Primär-Verteilung durch den Markt auch die Anreize für die Zuteilung der Produktionsfaktoren und damit für die Produktionen setzt, hat die Umverteilung Einfluss auf die Anreizstruktur. In die rationale Erwartungsbildung der Wirtschaftssubjekte geht nämlich sowohl das Resultat der Primär-Verteilung als auch der Sekundär-Verteilung ein. Die Wirtschaftssubjekte ziehen deshalb zur Kalkulation ihres effektiven Einkommens die Redistributionseinkommen zum Primäreinkommen hinzu oder von ihm ab. Ihre Produktionsbereitschaft entspricht damit nicht dem Primäreinkommen, sondern dem resultierenden Einkommen inklusive der Redistribution. Die allgemeine These ist, dass die sekundäre Verteilung, Reallokation oder Redistribution, einen *negativen* Einfluss auf die Primär-Verteilung und Produktion hat, weil erstere *pareto-optimal* ist.[17]

Ich hoffe, jetzt ist das Problem schon erkennbar. Für *unvollkommene* Märkte kann Pareto-Optimalität nicht beansprucht werden – stattdessen *nur* Pareto-*Superiorität* gelten. Daraus ergeben sich, und mit dieser Interpretation setzte ich mich von der herrschenden wirtschaftswissenschaftlichen Meinung ab, allerdings auch ganz andere Verhältnisse für die

---

16 Vgl. z. B. Mathias Erlei: Mikroökonomik, in: Th. Apolte, D. Bender, H. Berg: Vahlens Kompendium, Bd. II 1–139, vgl. Ingo Pies: Einleitung. Theoretische Grundlagen demokratischer Wirtschafts- und Gesellschaftspolitik. Der Beitrag James Buchanans, in: Martin Leschke, Ingo Pies (Hg.): James Buchanans konstitutionelle Ökonomik (Tübingen 1996) 1–18, 13

17 Anthony Downs: Ökonomische Theorie der Demokratie (Tübingen 1968) 195 f., Karl Homann, Ingo Pies: Sozialpolitik für den Markt. Theoretische Perspektiven konstitutioneller Ökonomik, in: M. Leschke, I. Pies (Hg.): James Buchanan 203–239, 216 f.

Wohlfahrtsökonomik. Nach meiner Kenntnis wird dieses Problem der Wohlfahrtsdynamik in unvollkommenen Marktwirtschaften selbst in der speziellen Forschungsliteratur nicht thematisiert. Das Problem ist dabei nicht etwa nur ein Problem des Verhältnisses von Marktideal und Marktrealität, so dass Verbesserungen der realen Bedingungen hin zu einer ‚Vervollkommnung' des Marktes oder des Wettbewerbs angestrebt werden müssten.[18] Denn schon in der Theorie selbst besteht ein in dieser Hinsicht unlösbares Problem, wenn die bestmöglichen Märkte modelliert werden sollen.[19] Hinzu kommt, dass die neoklassische Ökonomie zwar die angemessenen Mittel der Modellierung unvollkommener Märkte hat, nicht aber die dafür notwendigen und sinnvollen normativen Kategorien. Hierbei könnte ein Vergleich mit der Wirtschaftsphilosophie des Aristoteles nützlich sein. Denn was folgt, wenn Pareto-Superiorität bspw. zur Konzeption von Wirtschaftswachstum dynamisch gedacht werden muss? Und was bedeutet Pareto-Superiorität in normativitätstheoretischer Perspektive? Bevor ich wieder zu Aristoteles komme, folgt nun eine dynamische Betrachtung der Pareto-Superiorität in unvollkommenen Marktwirtschaften.[20]

Dynamik wird in der Wirtschaftswissenschaft bspw. spieltheoretisch in wiederholten Spielen mit mehreren Runden konzipiert.[21] Wenn z.B. nach einer polypolistischen ersten Marktrunde in einer zweiten Runde ein Individuum oder ein Unternehmen mit einer Innovation einen durch das Patentrecht monopolisierten Markt bildet, dann wird dieses Produkt nur dann nachgefragt und gekauft werden, wenn dadurch ein positiver Nutzen für die Nachfrager (auch im Vergleich zu der zweitbesten Verwendungsalternative der Kaufkraft) realisiert werden kann. Im Vergleich zur ersten Runde ohne Innovation ist die Wohlfahrt in der zweiten Runde durch die Innovation gestiegen. Dies ist der Grund, weshalb das Innovationsmonopol gemeinhin als ‚dynamisch' effizient gilt. Die zweite Runde ist pareto-superior zur ersten Runde. Wenn im Übergang einer ersten Runde zur zweiten Runde eine pareto-superiore Verbesserung durch eine Innovation erlangt werden kann, so hat dies aber nicht nur eine Rückwirkung auf die Erwartungsbildung der Individuen in der

18 Vgl. z.B. Gerhard Willke: Neoliberalismus (Frankfurt a. M. 2003) 44, 73 f.

19 Vgl. I. Pies: Einleitung. James Buchanan, 8

20 Für die Diskussion der Dynamik in der neoklassischen Wirtschaftstheorie danke ich Michael Rumpelt.

21 Vgl. z.B. Mathias Erlei: Mikroökonomik, 535, Siegfried K. Berninghaus, Karl-Martin Ehrhart, Werner Güth: Strategische Spiele. Eine Einführung in die Spieltheorie (Berlin 2010)

ersten Runde. Was die orthodoxe Wirtschaftswissenschaft nach meiner Kenntnis nämlich nicht untersucht ist, welche Auswirkung die pareto-superiore Ungleichverteilung des Einkommens in der zweiten Runde als Startbedingung im Übergang von der zweiten zur dritten Runde hat. Es ist anzunehmen, dass das Einkommen aus der zweiten Runde, insbesondere das des Monopols, als Vermögen fungiert. Dies gilt notwendigerweise für den nicht-konsumierten Anteil des Monopoleinkommens, die Ersparnis oder Investition, und mindestens möglicherweise für die Konsumtion.[22]

Bei Zulassung pareto-superiorer Ungleichverteilung, so meine Hypothese, wäre notwendigerweise in idealen und in realen Märkten mit einer Divergenz der dynamischen Einkommens- und Vermögensstatus der Wirtschaftssubjekte zu rechnen. Dies gälte, sobald in nur einem Markt unvollkommener Wettbewerb in einer der ersten Runden herrscht und zugleich die Verwendung des so gewonnenen Einkommens für die Kapitalbildung auch auf allen anderen Märkten möglich ist, was bei Auszahlung der Einkommen in Geld nahezu immer gilt, und so die Unvollkommenheit anderer Märkte zeitigt. Aus den Grundannahmen der Einzeldisziplinen der orthodoxen Wirtschaftstheorie selbst heraus gälte mithin, wenn man sie zusammenführte, dass systematisch und nicht nur aufgrund historisch kontingenter Startbedingungen ein Teil der Individuen durch die Unvollkommenheit der Märkte weniger erhält oder benachteiligt wird und ein anderer mehr erhält oder bevorteiligt wird. Dies wäre dann eine echte Bildung von Marktmacht, die gemäß dem umfassenden Marktkonzept, nicht nur auf die Konsum- und Produktionsgütermärkte, die Finanzmärkte u.ä., sondern auch die Human- und Sozialkapitalmärkte, die Informationsmärkte, die politischen Märkte u. v.a.m. fortwirkt. Dies gilt zunächst nur relativ. Diese mindestens relativ rationalere Kapitalbildung muss möglich sein, weil der Markt bzw. Wettbewerb andernfalls nicht seine wesentliche Funktion der Rationalisierung des wirtschaftlichen Verhaltens der Wirtschaftssubjekte leistet. Und wenn diese rationalere Kalkulation möglich ist, so wird sie sich vermutlich stabilisieren. Ob sich die Kapital- und Marktmachtbildung zudem auf die absoluten Status der benachteiligten Wirtschaftssubjekte auswirkt, ist letztendlich bloß eine Frage des Spieldesigns wie bspw. die Anzahl der Runden. Hier kann ich dies nicht weiter erörtern, denn die

22 Vgl. z.B. Hartmut Berg, Dieter Cassel, Karl-Hans Hartwig: Theorie der Wirtschaftspolitik, in: Th. Apolte, D. Bender, H. Berg: Vahlens Kompendium, Bd. II 243–368, W. Kerber: Wettbewerbspolitik

Grundproblematik müsste selbstverständlich in einer entsprechenden und umfangreichen wirtschaftstheoretischen Analyse innerhalb der Theorie und mit den Mitteln der neoklassischen und neoliberalen Wirtschaftswissenschaft ausgeführt werden.

Konstatiert werden kann immerhin, dass diese Problematik in der gegenwärtigen Wirtschaftswissenschaft und der entsprechenden Wirtschaftsethik zumindest nicht prominent ist.[23] Aus wirtschaftsphilosophischer Perspektive ergibt sich bereits jetzt eine weitere, wesentliche Schlussfolgerung. Die Frage, ob und wie ein bestimmtes Design der Marktwirtschaft und Marktgesellschaft rational und akzeptabel begründet werden kann, wenn es eine solche Dynamik der sozioökonomischen Divergenz anzunehmen gilt. Wie sich zeigen wird, ist die Akzeptabilität einer solchen Wohlfahrtsdynamik wesentlich durch die Akzeptanz der subjektivistischen oder der intersubjektiven und transsubjektiven Normativität bestimmt.

Proportionalität und Disproportionalität

Scott Meikle kommt in seiner Abhandlung *Aristotele's Economic Thought*, nachdem er sich intensiv mit verschiedenen Interpretationen der Gerechtigkeit bei Aristoteles auseinandergesetzt hat, zu dem Schluss, „[a]ll we have is the *analogia* or proportion itself".[24] Ich glaube nicht, dass wir nur *das* haben und schon gar nicht, dass das, was wir *nur* damit hätten, wenig ist. Es ist schon deshalb scheinbar wenig, weil mit dem Proportionalitätskriterium ein formales und nicht ein materiales Kriterium angegeben zu sein scheint. Ich glaube, das ist nicht richtig, aber um dies zu begründen wäre eine eingehende Erörterung der Ableitung des Pro-

23 Cay Folkers: Vermögen. Struktur und Verteilung, in: Willi Albers, Karl Erich Born, Ernst Dürr u. a. (Hg.): Handwörterbuch der Wirtschaftswissenschaft (Stuttgart 1977–1983) Bd. I-IX, Bd. VIII 265–282, Erwin Scheele: Einkommensverteilung. Theorie, in: ebd., Bd. II 257–285, Georges Enderle, Karl Homann, Martin Honecker u. a. (Hg.): Lexikon der Wirtschaftsethik (Freiburg 1993), Bernhard Külp: Wohlfahrtsökonomik Bd. I-II (Düsseldorf 1975–1976), Henner Kleinwefers: Einführung in die Wohlfahrtsökonomik. Theorie, Anwendung, Kritik (Stuttgart 2008), Ulrich van Suntum: Was leistet die Wohlfahrtsökonomie für die Begründung der Marktwirtschaft, in: Volker Nienhaus, Ulrich van Suntum (Hg.): Grundlagen und Erneuerung der Marktwirtschaft (Baden Baden 1988) 15–34

24 Scott Meikle: Aristotele's Economic Thought (Oxford 1995) 143

portionalitätskriteriums bei Aristoteles notwendig. Ein formales Kriterium ist aber auch nicht wenig. Dies wird deutlich, wenn man das aristotelische Denken mit dem der neoklassischen und neoliberalen Wohlfahrtsökonomen vergleicht.

Die Beurteilung einer Situation oder Maßnahme als pareto-superior bedeutet nichts anderes, als dass nicht im Sinne oder nach dem Prinzip der Proportionalität alloziert und distribuiert wird. Je nach dem, was unter dem Gesichtspunkt der Pareto-Effizienz oder Pareto-Superiorität zu beurteilen ist, wird direkt oder indirekt das Proportionalitätsprinzip außer Kraft gesetzt. Steht der einzelne Tausch zur Beurteilung, so ist der Tausch als freiwilliger Tausch zum Vorteil beider Wirtschaftssubjekte, d. h. ein Positivsummenspiel, und der Tausch bzw. Tauschen pareto-superior. Das heißt aber auch, dass nicht nach der Proportionalität der zu tauschenden Güter oder Leistungen gefragt wird, sondern immer dann getauscht wird, wenn es für mindestens zwei Subjekte vorteilhafter ist zu tauschen als nicht zu tauschen. Dabei ist das Verhältnis der Güter oder Leistungen zueinander gleichgültig. Damit entfällt übrigens auch das Prinzip der Leistungsgerechtigkeit mit dem Pareto-Superioritäts-Kriterium. Bei dem Beispiel des Innovationsmonopols entsteht selbstverständlich ein positiver Nutzen für die Konsumenten der Innovation, andernfalls hätten sie ihre Kaufkraft alternativ verwendet. Deshalb ist es für sie im Vergleich der ersten und der zweiten Runde von Vorteil, wenn die Innovation auf den Markt kommt, obwohl dafür ein Monopol zugelassen wird. Dennoch, das Monopoleinkommen ist ein Marktmachteinkommen und kein Leistungseinkommen, auch nicht das Einkommen für die Innovationsleistung.

Von Aristoteles hingegen wird das Verteilungsverhältnis der Proportionalität als wirtschaftliche Gerechtigkeit, sowohl in der Verhältnisbestimmung der Tauschakte als auch in der Verhältnisbestimmung der Einkommens- und Vermögenspositionen der Bürger untereinander reflektiert. Die Verhältnisbestimmung in den Tauschakten ist allgemein bekannt, wenn auch interpretatorisch umstritten. Es ist die Beschreibung des Tauschverhältnisses als proportionale Gleichheit. Dass damit nicht ein faktisches Verhältnis der Preissetzung, sondern ein normatives beschrieben ist, ist klar. Denn die Unterscheidung von gerechtem und ungerechtem Tausch ist nur dann sinnvoll, wenn nicht jeder Tausch per se gerecht ist bspw. weil er ein Positivsummenspiel ist oder zu sein scheint. Die Definition der Ungerechtigkeit erfolgt demgemäß über die Beschreibung der Unmäßigkeit bezüglich der Proportion, der Disproportionalität: „Die Ungerechtigkeit aber ist im Gegensatz dazu auf das

Unrecht gerichtet, d.h. auf das Zuviel und das Zuwenig, sowohl bei Vorteil als auch bei Nachteil, unter Verletzung der Proportion."[25] Dazu gibt Aristoteles Beispielbeschreibungen von wirtschaftlichem Handeln, das ein Zuviel und ein Zuwenig bei Vorteil und Nachteil unter Verletzung der Proportion ist. Beispiele sind das Monopol des Thales oder die Un- und Übermäßigkeit der Chrematistik im Gegensatz zur Ökonomik.[26]

Aristoteles hat sich sogar zum Verhältnis der Verteilungsproportion und des so genannten Leistungsanreizes geäußert. Als berechtigte Kritik gegen die Staatsauffassung Platons führt er an, dass das Verhältnis von Leistung und Genuss/Bedarf gerecht sein muss:

> Denn weil in den Genüssen und in den Arbeiten nicht alle gleich sind, sondern vielmehr ungleich, ergeben sich notwendigerweise Anklagen bei denen, die weniger erhalten, doch mehr arbeiten, denen gegenüber, die genießen oder viel erhalten, aber wenig arbeiten.[27]

Was für die Tauscheinkommen gilt, gilt auch für die Proportion der Einkommens- und Vermögensstatus.

Bewegung und *Dynamik* sind Grundkategorien des Denkens Aristoteles, sowohl seiner Ontologie und Naturlehre als auch seiner praktischen Philosophie. Es ist deshalb nicht erstaunlich, dass sich Aristoteles mit der Dynamik der sozioökonomischen Verhältnisse der Gesellschaft befasst hat. So schreibt er, wenn die Schichten oder Teile einer Gesellschaft sozioökonomisch nicht entsprechend der gleichmäßigen Proportion wachsen, dann entwickeln sich diese Gesellschaft und der Staat hin zum Ungerechten und den ungerechten Verfassungen:

> Es kommt aber auch zu Verfassungsänderungen wegen unverhältnismäßigen Wachstums. Wie nämlich ein Körper aus Teilen zusammengesetzt ist und diese entsprechend wachsen müssen, damit das Gleichmaß erhalten bleibt – wenn dies aber nicht geschieht, geht er zugrunde ... – ebenso ist auch ein Staat aus Teilen zusammengesetzt, von denen oft ein bestimmter anwächst, ohne daß man es bemerkt, wie etwa die Menge der Mittellosen in den Demokratien und den Politien. ... Wenn nämlich die Wohlhabenden mehr werden und die Vermögen zunehmen, dann ändern sie sich in Richtung Oligarchien und Dynastenherrschaften.[28]

25 Aristoteles: Nikomachische Ethik, 136, 1134a6 ff.
26 Ders.: Politik, 100, 1259a, 91 ff., 1256b ff.
27 Ebd., 115, 1263a11 ff.
28 Ebd., 251, 1302b33 ff.

Diese Veränderungen der Verfassungen sind Entwicklungen der Ungerechtigkeit, weil die Oligarchie und die Dynastenherrschaft schlechter sind als Demokratie und Politie.[29] Weil aber jede Verfassung eine eigene bestimmte Gerechtigkeitskonzeption verwirklicht und die Bürger für ihre subjektive Gerechtigkeitsidee den Geltungsanspruch der Allgemeingültigkeit erheben können, wird die Forderung nach sozioökonomischer Gerechtigkeit entweder zu Recht oder zu Unrecht beansprucht:

> Die einen nämlich sind im Aufruhr, weil sie nach Gleichheit trachten, wenn sie meinen, über weniger zu verfügen als die, die im Vorteil sind, obwohl sie ja gleich seien, die anderen aber trachten nach Ungleichheit und Übermaß, wenn sie annehmen, obwohl sie ungleich sind, nicht über mehr zu verfügen, sondern nur über das Gleiche oder gar über noch weniger. Doch danach zu begehren kann einerseits zu Recht geschehen, andererseits aber zu Unrecht.[30]

Das Normativitätsverhältnis von Effizienz und Gerechtigkeit

Das Normativitätsverhältnis der aristotelischen und der neoklassischen Wirtschaftsphilosophie bspw. bezüglich des Verhältnisses von Effizienz und Gerechtigkeit besteht folglich im Normativitätsverhältnis der sozioökonomischen Proportionalität und Disproportionalität. Dies gilt für die statische und die dynamische Analyse.

Die Ablehnung des Prinzips der Proportionalität ist nicht, wie von Homann behauptet, in der Analyse des Verhältnisses von Nullsummenspiel und Positivsummenspiel begründet und nicht in der Analyse des Wirtschaftswachstums begründbar. Das moderne Verständnis des Tausches als Positivsummenspiel steht nicht im Widerspruch zu den tauschtheoretischen Aussagen des Aristoteles. Seine statische und dynamische Reflexion der Wohlfahrt begründet Proportionalität sowohl im Tausch als auch im Verhältnis der Einkommens- und Vermögensstatus der Bürger. In Wachstumsgesellschaften kann das Wachstum der verschiedenen Teile der Gesellschaften zueinander proportional sein. Eine Zusammenführung der Einzelbeschreibungen der wirtschaftswissenschaftlichen Disziplinen macht zudem auf Inkohärenzen der neoklassischen und neoliberalen Theorie aufmerksam. Eine integrative Beschreibung offenbart eine unzureichende Konzeption der Dynamik in der

---

29 Ders.: Nikomachische Ethik, 230 f., 1160a f.

30 Ders.: Politik, 248 f., 1302a24 ff.

orthodoxen Wirtschaftswissenschaft. Unvollkommene Marktwirtschaften zeitigen notwendig und systematisch eine Divergenz der relativen und absoluten Einkommens- und Vermögensstatus der Wirtschaftssubjekte. Wie wir aus der Aristoteles-Interpretation wissen, muss die Beurteilung von Tausch- und Wachstumsverhältnissen nicht notwendig durch das Prinzip der Disproportionalität erfolgen, sondern ist ebenso nach dem Prinzip der Proportionalität möglich. Problematisch bleibt damit nur, ob umgekehrt Disproportionalität im Tausch und folglich eine divergente Dynamik notwendige Bedingungen für Innovationen und Wachstum sind. Die obige Analyse des Anreizproblems für Innovationen legt eine solche Vermutung nahe.[31]

Aber alle hier aufgezeigten möglichen Ursachen, die eine divergente Wohlfahrtsdynamik erklären können, werden durch die innovationsökonomische Problematik nicht begründet und gerechtfertigt. Das Monopoleinkommen ist kein Leistungseinkommen und kann deshalb nicht der notwendige Anreiz zur Innovation sein, der Einkommens- und Vermögenstransfer auf andere Märkte befördert die Unvollkommenheit der Marktwirtschaft und damit die Entwertung des Leistungsverhältnisses auf nahezu allen Märkten, die Divergenz der absoluten Status in der langen Frist ist nicht einmal für die Konsumenten der Innovation von Vorteil und der Einkommens- und Vermögenstransfer zu anderen Generationen hat keinerlei innovationsökonomisch positiven Anreize für diese Generationen. Die tausch- und wachstumstheoretische Begründung der Ablehnung der aristotelischen Ethik durch Homann weise ich deshalb als untriftig zurück.

Die Problematik des Verhältnisses der aristotelischen und der neoklassischen Wirtschaftsphilosophie, wie sie hier am Beispiel von Effizienz und Gerechtigkeit illustriert wurde, lässt sich aber aus normativitätstheoretischer Perspektive aufklären. Wenn wir vorbehaltlich weiterer Forschungen und Forschungsergebnisse aus der anfänglich unternommenen ökonomischen Analyse annehmen, dass sich in den neoklassischen und neoliberalen Designs der Marktwirtschaft die sozioökonomischen Status der Subjekte idealiter und realiter notwendig und systematisch disproportional entwickeln oder divergieren, dann muss nach der Rechtfertigung und Begründung der Disproportionalität bzw. der Proportionalität als normatives Prinzip gefragt werden.

31 Vgl. z.B. Malte Faber, Reiner Manstetten: Zurück zu Aristoteles? Wirtschaft und Philosophie, in: Perspektiven der Wirtschaftspolitik, Verein für Socialpolitik (Oxford 2004) Bd. V, Heft 2 159–198

Die neoklasssische/neoliberale Wirtschaftsphilosophie vertritt normativitätstheoretisch eine subjektivistische Position, während für die normative Position des Aristoteles transsubjektive Normativität wesentlich ist. Subjektivismus bedeutet, dass die einzige legitime Quelle der Wahrheits- und Geltungskriterien aller Normativität Subjektivität, das subjektive Werturteil der Subjekte, ist. Diese Position ist als normative und als methodologische möglich. Im Normalfall behauptet die Wirtschaftswissenschaft nur die Gültigkeit des *methodologischen Individualismus.* Mit dieser Behauptung der methodologischen/methodischen Position versucht sie Wert- und Begründungsproblemen der normativen Position auszuweichen. Für die subjektivistische Position kann sie also auch den methodischen Geltungsanspruch erheben. Schon wissenschaftstheoretisch ist dies problematisch, weil die methodische Einschränkung der *Normativität im methodischen Konzept* präjudizierend ist. Wirtschaftssubjekte werden in der Wirtschaftstheorie nicht anders als subjektivistisch normiert konzipiert oder modelliert. Ein von der etablierten Wirtschaftswissenschaft anerkannte Theorie, die explizit und systematisch intersubjektive oder transsubjektive Normativität integriert, gibt es nach meiner Kenntnis nicht.[32] Dabei ist nicht dem Subjektivismus ein Intersubjektivismus oder Transsubjektivismus entgegenzusetzen, sondern der Versuch einer konsistenten Integration verschiedener normativer Geltungsansprüche auch in der Wirtschaftstheorie zu unternehmen.

Aus der Perspektive des Subjektivismus ist eine normative Konzeption der Proportionalität, der Mäßigung als allgemeingültige ethische oder moralische Tugend, als Prinzip der Gerechtigkeit u. ä. selbstverständlich unsinnig. Die subjektivistische Wertlehre der Neoklassik postuliert die prinzipielle Verschiedenheit der Bedürfnisse oder Präferenzen der Subjekte und die interpersonelle Unvergleichbarkeit derselben. Subjektiv rationale und akzeptable Gründe der Mäßigung wären in einer subjektiven Präferenz zu begründen. Diese sind aber subjektiv verschieden, nur subjektiv normativ und damit überhaupt nur möglicherweise klug. Bringt man den Subjektivismus ins Verhältnis zum Positivsummenspiel des Tausches und zum Wirtschaftswachstum, so wird sich diese Irrelevanz der Mäßigung selbstverständlich auch dann zeigen. Denn wenn nur dann getauscht wird, wenn der Tausch einen subjektiven Vorteil zeitigt, ist schließlich jeder vorgenommene Tausch subjektiv von

32 Selbstverständlich gibt es die implizite und partielle Integration dieser Normativitäten in einzelnen Disziplinen der Wirtschaftswissenschaften.

Vorteil für die Tauschenden; im Falle des Nachteils hätte der Betreffende eben nicht getauscht.

Ob der Tausch im Verhältnis zu direkt oder indirekt Betroffenen *gerecht* ist, ist eine Frage an die jeweilige subjektive Perspektive der Tauschenden, die nur erkennen lässt, dass Tauschen oder Nicht-Tauschen von eigenem Vorteil oder Nachteil ist. Eine normative Kategorie der *Gerechtigkeit*, die bspw. die Bedürfnisse eines Anderen als dessen Bedürfnisse gelten lässt und die eigenen entsprechend mäßigt oder eingefordert wird, ist nicht möglich. Dies gilt dann auch für die Frage, ob eine Wirtschaft wachsen oder nicht wachsen soll. Die Frage, *wie* sie wachsen soll lässt nur ein weniger oder mehr für das jeweils befragte Subjekt zu. Wenn einige oder alle mehr Wachstum wollen, dann ist dies eben so und dann ist dies subjektivistisch legitim. Will jeder mehr haben, gilt eben jeder Wachstumsprozess, der für niemanden weniger zeitigt, also pareto-superior ist, als konsensuabel. Das Problem der pareto-superioren Ungleichverteilung bspw. durch Innovationsmonopole erscheint damit überhaupt nicht, solange nur die Tauschverhältnisse der Runden und nicht die Einkommens- und Vermögensdynamik untersucht werden.

Weil im Subjektivismus niemand einen Grund hat für einen anderen zu arbeiten ohne von diesem ein Tauschangebot zu erhalten, interpretiert die neoklassisch/neoliberale Wohlfahrtsökonomik und -politik deshalb die Forderung nach Umverteilung als intersubjektives und intertemporales Tauschgeschäft. Sie ist entweder Investition in die Ressourcen der Zukunft, Investition in eine Versicherung für eine ungewisse Zukunft oder ein Tausch der Akzeptanz der herrschenden Wirtschafts- und Sozialordnung gegen ein Transfereinkommen.[33] Eine Proportionalitätsbetrachtung des Tausches oder der Vermögen und Einkommen befriedigt zwar möglicherweise das subjektive ‚Neidbedürfnis' der ‚Benachteiligten', hat aber keine darüber hinausgehende normative Legitimität.

Falls diese neoklassische und neoliberale Position in sich schlüssig ist und eine andere Begründung aus den Theorieannahmen nicht möglich, dann ist der eigentliche Grund der Ablehnung des Prinzips der Proportionalität bzw. der Ethik der Mäßigung in der Präsupposition, der impliziten Vorannahme der subjektivistischen Normativität zu finden. Aber ist diese Präsupposition Homanns ein Problem? Ja, denn erstens wird nicht expliziert, dass dies der Grund ist. Zweitens wird nicht expliziert, dass die Ablehnung dieses Prinzips ein Resultat innerhalb der neoklassischen/neoliberalen Methodologie bzw. des Modells ist, eine Argu-

33 Vgl. z.B. K. Homann, I. Pies: Sozialpolitik

mentationsebene auf der weder Aristoteles noch die meisten Beteiligten gegenwärtiger öffentlicher Diskurse argumentieren. Drittens wird die nicht-notwendige Reduktion der Normativität auf die subjektivistische nicht expliziert.[34] Und viertens wird unzulässigerweise ‚bloß' eine methodologische/methodische Position behauptet.

Die methodologische Perspektive gewinnt ihre Akzeptabilität aus ihrer vermeintlichen Werturteilsneutralität. In den Worten Homanns/Suchaneks sind „Methoden in der Wissenschaft … nicht ‚richtig' bzw. ‚wahr' oder ‚falsch', sondern ‚zweckmäßig' oder ‚unzweckmäßig'."[35] Wird ein methodologischer Subjektivismus behauptet, dann wird also Wertneutralität und Nützlichkeit für ihn beansprucht. Wenn der Subjektivismus in der Wirtschaftsphilosophie notwendig und systematisch einen Teil der Wirtschaftssubjekte ‚benachteiligt' und einen ‚bevorteiligt', dann ist dieser mitnichten allgemeingültig nützlich und wertneutral, sondern für einen Teil von Vorteil und für einen von Nachteil. Dies gilt in der langfristigen dynamischen Analyse sogar aus subjektivistischer Perspektive.

Die orthodoxe Wirtschaftswissenschaft und ihre Philosophie hätte, wenn sie sich der Herausforderung dieses Problems im wissenschaftlichen und öffentlichen Diskurs stellen würde, ein normatives Prinzip, das die Wohlfahrt eines großen, ja vielleicht des größeren Teils der Gesellschaften benachteiligt, akzeptabel zu begründen und zu rechtfertigen. Dieser explizit normativen Positionierung kann sie meines Erachtens nicht ausweichen, solange sie nicht alle Normativitäten konstruktiv integriert.

Aristoteles' Position der normativen Reflexion gesellschaftlicher Dynamik ist eindeutig. In seiner Beschreibung der Abfolge der Staatsverfassungen kommt er, wie Platon, zu dem Schluss, dass keine Staatsverfassung per se stabil ist. Die Dynamik der Gesellschaften und ihrer Verfassungen ergibt sich aus der Dynamik der verschiedenen Normativitäten. Keine der Staatsverfassungen stellt die nötigen Institutionen bereit, um aus den subjektiven und intersubjektiven Verhältnissen der Bürger eine hinreichend akzeptable und legitime Struktur für alle zu

34 Wie Arbogast Schmitt schreibt, ist aber die subjektivistische Negation einer transsubjektiven Ethik insbesondere i. S. Aristoteles für die Tradition der klassischen und neoklassischen Ökonomik konstitutiv. Arbogast Schmitt: Die Moderne und Platon. Zwei Grundformen europäischer Rationalität (Stuttgart 2003) 355 f.

35 K. Homann, A. Suchanek: Ökonomik, 27

bilden. So entwickelt sich aus der Politie, in der transsubjektive Normativität gültig ist und das Maß der Gerechtigkeit bestimmen soll, wenn sich zu viele Bürger subjektivistisch und intersubjektivistisch normativ bestimmen lassen, die subjektivistische Demokratie. Daraus, wenn ein Teil der Gesellschaft zu sozioökonomisch vermittelter intersubjektivistischer Macht gelangt ist, die Oligarchie und Dynastie. Diese Abfolge der Verfassungsformen offenbart die uneinigen und unmäßigen Gerechtigkeitsansprüche der Bürger. Die einzige Gesellschaft, die beständig und die beste wäre, ist die, in der sowohl eine gerechte und transsubjektiv normative Verfassung gälte als auch alle Bürger gerecht gemäß dem ethischen und politischen Prinzip der Proportionalität lebten. Dazu ist jedoch nach Aristoteles die subjektive und intersubjektive Geltung transsubjektiver Normativität notwendig.[36]

Unabhängig von der Begründungsproblematik normativer Konzepte ist ein Großteil der Staats- und Wirtschaftsbürger moderner Gesellschaft sowohl derjenigen, die von der divergenten Wohlfahrtsdynamik unvollkommener Marktwirtschaften benachteiligt werden, als auch derjenigen, die davon einen Vorteil haben, nicht vom normativen Subjektivismus überzeugt, sondern akzeptiert Konzepte der intra- und intergenerationellen Gerechtigkeit. Angesichts einer Vielzahl die orthodoxe Wirtschaftswissenschaft herausfordernder Probleme der Gegenwart, die im öffentlichen Diskurs mit dem Konzept der Gerechtigkeit diskutiert werden, sollte der moderne Wirtschaftswissenschaftler meines Erachtens eine Theorie, deren normatives Grundkonzept diese immerhin möglicherweise legitimen Überzeugungen explizit oder implizit auszuschließen scheint, erstens weiter auf die hier thematisierte Problematik hin untersuchen und zweitens nicht nur subjektivistische Normativität ausarbeiten, sondern auch Konzepte intersubjektiver und/oder transsubjektiver Normativität integrieren. Zwar wird er bei Aristoteles gewiss keine moderne Wachstums- oder Innovationsökonomie finden, aber als Wirtschaftsethiker und Wohlfahrtsökonom kann er in der konstruktiven Auseinandersetzung mit dem antiken Philosophen noch immer lernen.

36 Vgl. z. B. Aristoteles: Politik, 350 f., 1331b f., ders.: Nikomachische Ethik, 132, 1132b f., 254 f., 1167a f., 297 f., 1180a

Platons Lernparadox und der Stellenwert des Wissens

Ein Plädoyer für das Verstehen

THOMAS WACHTENDORF

Ausgangspunkt

Die Begriffe *erklären* und *verstehen* stehen in einem besonderen Verhältnis zueinander: Mit ersterem werden üblicherweise Begriffe wie *Wissen* und *Wahrheit* verbunden, mit letzterem *Sinn* und *Kontext*. Die Naturwissenschaften werden zumeist die *erklärenden* Wissenschaften genannt – sie verwenden Erklärungen –, die Geisteswissenschaften, die insbesondere von der Methode der Hermeneutik Gebrauch machen, die *verstehenden*. Die Debatte über das gegenseitige Verhältnis von Erklären und Verstehen ist alt und je nach eigener Präferenz wird dem einen oder dem anderen Konzept der Vorzug gegeben. Es gibt auch Versuche, beide zu vereinen. Karl-Otto Apel hat beispielsweise in seiner transzendentalpragmatischen Refomulierung[1] des Problems versucht, eine gegenseitige Angewiesenheit beider Disziplinen aufeinander zu belegen.

Nichtsdestoweniger bleiben die Stoßrichtungen der Erklärung und des hermeneutischen Verstehens unterschiedlich, die Differenz zwischen beiden Methoden unübersehbar. Die Erklärung zielt auf Wahrheit ab, indem sie mit nachprüfbaren Methoden ebenfalls nachprüfbare, wahre Sätze über die Welt produziert. Diese Sätze werden zu Wissen, das einen entscheidenden Vorzug hat: Man muss noch nicht einmal die Methoden, die zu seiner Gewinnung geführt haben, beherrschen, um den betreffenden Satz zu seinem eigenem Wissensschatz hinzufügen und ihn fruchtbar verwenden zu können. Das Verstehen zielt demgegenüber auf die Bedingungen, unter denen Wissen gewonnen wird: *Warum* wird ein Satz als wahr bezeichnet? Im Gegensatz zur Wissensaneignung ist das Verstehen ein langwieriger Prozess der Einsicht in bestimmte, stillschweigend vorausgesetzte Annahmen oder Auffassungen, die in dieser

1 Karl-Otto Apel: Transformation der Philosophie (Frankfurt a. M. 1976).

Hinsicht mit dem Glauben an eine bestimmte Ordnung der Welt vergleichbar sind.

Es verwundert vor diesem Hintergrund nicht, warum in der abendländischen Geschichte dem Wissen – und damit den Erklärungen – der Vorzug gegenüber dem Verstehen gegeben worden ist. Dies zeigt sich beispielsweise anhand des seit Descartes rasant wachsenden Erfolgs der erklärenden Wissenschaften. Seinen vorläufigen Höhepunkt hat dieser in den bahnbrechenden Erkenntnissen, die die Naturwissenschaften spätestens seit der Mitte des 19. Jahrhunderts in beachtlicher Zahl liefern, erreicht.

Nichts desto weniger geht es in diesem Plädoyer um das Verstehen, denn keine Erklärung und kein Wissen können für sich allein genommen bestehen. Sie werden erst durch den Kontext, in dem sie stehen, zu dem, was sie sind. Dieser Kontext ist die menschliche Lebenswelt, die dadurch entsteht, dass Menschen ihr Leben vollziehen und dabei Gegenständen und anderen Menschen begegnen und sich zu ihnen verhalten. Dabei bilden sie Welt*bilder* aus – also Vorstellungen und Ansichten darüber, wie die Welt verfasst ist – eben ihre Bilder von der Welt, die sie mit anderen Menschen teilen. Dieser Bereich ist derjenige, in dem sich das Menschliche zeigt, in dem insbesondere die Vorstellungen und Ansichten darüber, was der Mensch ist, ihren Raum haben und das menschliche Leben prägen. An den Weltbildern der Menschen erkennt man folglich ihr Selbstverständnis – welches Bild des Menschen sie teilen. Doch dieser Raum wird zunehmend begrenzt. Nicht von außen, sondern – schlimmer – vielmehr durch freiwillige Preisgabe der Menschenbilder, indem sich kein Bild vom Menschen mehr gemacht wird. Die Menschen haben offensichtlich das Vertrauen in ihr eigenes Selbstverständnis, das ja am Ende auf bloßen Vorstellungen gründet, verloren, weil die erklärenden Wissenschaften vermeintlich immer mehr dieser Vorstellungen als falsch entlarven. Kann aber eine solche Vorstellung, ein Menschenbild, überhaupt durch Wissen als falsch erwiesen werden? Kann es sein, dass ein Produkt des Menschen – die Wissenschaft – die Deutungshoheit über den Menschen selbst gewinnt, indem es dessen Bilder zerstört? Möglich ist dies nur, soweit es zugelassen wird. Es gibt jedoch keinen Grund, die Deutungshoheit des einzelnen Menschen über sein eigenes Selbstverständnis an irgendjemanden abzugeben. Das darf zweifelsohne nicht zu einem Freibrief für beliebige, unbelehrbare Weltbilder führen. Schlussendlich ist es aber allein der Mensch (in der Gemeinschaft), der sein Leben führen und mithin darüber befinden muss, wie er das tun will, welches Wissen er akzeptiert (oder akzeptieren muss) und welche Vorstellung er sich von der Welt macht. Es gibt sicherlich kein Patentrezept, wie man zu einem ‚guten' Weltbild gelangt. So aber ist das menschliche Leben – ein Zurechtfinden im Unbestimmten.

Dies sind auch jene Aspekte des Lebens, die bereits in der Antike betont wurden. Obwohl die Wissenschaft dort ihren Anfang hatte, wurde dem Wissen ein ganz anderer Stellenwert zugewiesen. Zwar ist es unabdingbar, darf aber nicht zum vom Menschen abgelösten Selbstzweck werden, sondern ist stets mit dem Wissen um den Menschen, der Weisheit, verbunden.

Der Erfolg der erklärenden Wissenschaften

Der Erfolg der erklärenden Wissenschaften fußt auf den wesentlichen Eigenschaften des Wissens. Nämlich, dass Wissen – solange es methodisch einwandfrei gewonnen worden ist – unbestreitbar ist, Erklärungen überhaupt erst ermöglicht, leicht (letztlich ‚technisch') erlernbar ist und die Grundlage für Prognosen bildet, deren grundsätzlicher Erfolg unbestritten ist.

Diese Eigenschaften stellen zusammengenommen einen großen Vorteil des Wissens dar. Wissen entbindet von ethischer Verantwortung: Verantwortung trägt jemand, der etwas tut oder unterlässt, obwohl er auch anders gekonnt hätte, er trägt sie für das bzw. die Folgen dessen, was er getan oder unterlassen hat. Da *Wissen* für eine gegebene Situation als *guter Grund* funktioniert, schränkt es die Möglichkeit, etwas anders zu tun, ein und stellt insofern einen Zwang dar. Vordergründig kann ein Akteur nicht mehr anders handeln, als es dieser gute Grund nahe legt, wenn er nicht irrational handeln will (was nach Kant schlechtem Handeln gleich kommt[2]). Dadurch dient Wissen als Rechtfertigung und entbindet zugleich von Verantwortung.

Von diesen Ausgangsbedingungen ist es nun nur noch ein kleiner Schritt, etwa die Beliebtheit moderner so genannter Berichtssysteme zu verstehen, die als Beispiel für die gegenwärtige Wissensfixiertheit dienen können. Personen oder Institutionen, die ethische Entscheidungen treffen müssen, beauftragen zuvor einen oder mehrere Wissenschaftler, um sich über die betreffende Frage einen Bericht anfertigen zu lassen.

---

2 Vgl. Immanuel Kant: Werkausgabe: Metaphysik der Sitten, hg. von Wilhelm Weischedel (Frankfurt a. M.1977) VIII; Grundlegung der Metaphysik der Sitten, hg. von Karl Vorländer (Hamburg 1994).

Anschließend fühlen sich die Entscheidungsträger von der ethischen Last der Verantwortung für die Konsequenzen ihrer Entscheidung befreit. Denn sie sind in ihrer Entscheidung ja lediglich dem Bericht gefolgt, demgemäß eventuelle unliebsame Folgen nicht zu erwarten waren, weshalb die Entscheidungsträger von anderen Konsequenzen vorher nichts wissen konnten. Dies führt zu zwei Problemen: Einerseits werden die Bereiche, deren wesentliche Aufgabe es ist, sozusagen weltanschauliche Fragen zu beantworten – wie etwa politische Gremien oder auch Vorstände großer Unternehmen –, in ihrer Funktion ausgehöhlt. Andererseits wird dadurch der Wissenschaft eine Rolle zugestanden, die ihr nicht zusteht. Denn die erklärenden Wissenschaften können ihr Ziel nicht selbst definieren, „die Wissenschaft denkt nicht"[3]. Dazu bedarf es anderer Institutionen. Wenn also auf einem Kongress der Verfasser eines Berichts euphorisch ruft, dass nun, nach der Abfassung seines Berichts die Politik gar nicht mehr anders könne, als richtig zu entscheiden, überschätzt er nicht nur sich und seinen Bericht maßlos, sondern verkennt überdies die fundamentalen Rollen und Angewiesenheitsbeziehungen, die zwischen der Wissenschaft und der Politik bestehen.

Nicht die Wissenschaft denkt sondern die Menschen. Das heißt auch: Menschen erkennen Wahrheit und Wissen vor einem je spezifischen Hintergrund, über den es – gerade in politischen Gremien – stets neu zu verhandeln gilt. Es ist also dieser Hintergrund, der letzten Endes bestimmt, was als wahr gelten kann. Insofern sind die erklärenden auf die hermeneutischen Wissenschaften angewiesen. Reine, interesselose Erkenntnis kann es nicht geben, darauf haben schon Autoren wie Apel, Habermas[4], Feyerabend[5], Popper[6] und Gadamer[7] hingewiesen. Die verstehenden Wissenschaften machen die Interessen offenbar, die der jeweiligen Erkenntnis zugrunde liegen. Versuche, diese wichtige Rolle nicht außer Acht zu lassen, scheinen mittlerweile ob des grandiosen Erfolges der Naturwissenschaften nahezu ungehört zu verhallen. Umso mehr lohnt sich eine genauere Betrachtung dessen, wie gut das Fundament der erklärenden Wissenschaften trägt.

---

3 Martin Heidegger: Was heißt denken? (Stuttgart 1992), 8.
4 Vgl. Jürgen Habermas: Erkenntnis und Interesse (Frankfurt a. M. 1973).
5 Vgl. Paul Feyerabend: Wider den Methodenzwang (Frankfurt a. M. 1986).
6 Vgl. Karl Popper: Logik der Forschung (Tübingen 2002).
7 Vgl. Hans-Georg Gadamer: Wahrheit und Methode (Tübingen 1990).

Was ist Wissen?

Die Frage danach, was Wissen ist, ist sehr alt. Platon gibt im *Theaitetos* eine berühmte Definition, die lange Zeit eine sehr große Wirkmächigkeit entfalten sollte. Darin nennt er das Wissen „Richtige Vorstellung mit Erklärung“[8]. Gemäß der gängigen Interpretation werden dem Wissen danach drei Eigenschaften abverlangt: Es muss eine Meinung sein, die wahr ist und von demjenigen, der sie hat, gerechtfertigt werden können. Kurz: Wissen ist demzufolge wahre, gerechtfertigte Meinung.

Lässt sich explizieren, was Wahrheit ist und wann eine Meinung gerechtfertigt ist (dies ist eine Frage der Methode), so lässt sich überzeitliches, intersubjektives und das heißt objektives und allgemein gültiges Wissen gewinnen. Der Vorteil dieser Wissenskonzeption liegt auf der Hand: Ein solches Wissen ist unbestreitbar. Jeder kann es unter Verwendung derselben Methode nachprüfen. Dadurch ist es zugleich erlernbar und kann erklärt werden, da es nicht auf etwa mystische Art zu Stande gekommen ist, sondern mit einer für jeden nachprüfbaren und verlässlichen Methode, die zu reliablen, validen und wiederholbaren Ergebnissen führt, erlangt wurde. Hieraus erklärt sich auch der erwähnte ethische Aspekt von Wissen. Denn wer nicht irrational sein und falsch handeln will, muss auf das Wissen in seinen Handlungen Rücksicht nehmen. Wer entsprechend dem ihm gegebenen Wissensstand handelt, trägt nicht in dem Maße Verantwortung für die Folgen seines Tuns wie jemand, der wider besseres Wissen handelt.

Es mag sein, dass sich die Faszination des Wissens zumindest in Teilen aus diesen Vorteilen erklären lässt und damit auch, warum es 2000 Jahre gedauert hat, bis die Gültigkeit dieser alten Definition fundamental in Zweifel gezogen wurde.

In seinem berühmten Aufsatz hat Edmund L. Gettier[9] im Jahr 1963 diese Definition dadurch angegriffen, dass er vermittels Beispielen gezeigt hat, dass Meinung, Wahrheit und Rechtfertigung allein nicht ausreichend (zwar notwendig, aber nicht hinreichend) sein können, um von Wissen zu sprechen. Man kann Fälle konstruieren, in denen sich jemand gerechtfertigt fühlt, etwas Bestimmtes zu wissen, diese Rechtfertigung tatsächlich aber nicht besteht, weil derjenige hier etwa getäuscht worden

8 Platon: Werke, hg. von Gunther Eigler (Darmstadt 1970, Darmstadt 2001) VI, 189 (202c).

9 Edmund L. Gettier: Ist gerechtfertigte, wahre Meinung Wissen?, in: Peter Bieri (Hg.): Analytische Philosophie der Erkenntnis (Frankfurt a. M. 1987) 91–93.

ist, obwohl dasjenige, was er zu wissen glaubt, tatsächlich (zufälligerweise) wahr ist. Folglich gibt es Fälle, in denen ein Subjekt sowohl eine wahre Meinung hat, als auch eine Rechtfertigung dafür angeben kann. Der Fehler liegt in der Täuschung, der das Subjekt bei der Prüfung der Wahrheit (also der Rechtfertigung) seiner Meinung aufgesessen ist: Tatsächlich war die Methode zur Prüfung der Wahrheit der Meinung nicht hinreichend, weswegen hier auch nur schwerlich von Wissen gesprochen werden kann, obwohl nicht gegen die platonische Definition verstoßen worden ist.

Will man trotz dieser Schwierigkeiten an der klassischen Definition festhalten, verbleiben nur zwei Lösungswege: man muss sie entweder erweitern oder reduzieren. Erweitern heißt, neue Bedingungen solange hinzuzufügen, bis die Definition funktioniert. Hier droht die Gefahr eines progressus ad infinitum, da man gezwungen ist, für jede zusätzliche Bedingung sicherzustellen, dass diese korrekt ist. Dieser Schwierigkeit kann man zwar durch eine Reduktion des Definitionsumfangs entgehen. Definiert man Wissen jedoch lediglich als wahre Meinung, verliert es seinen Mehrwert, der in der Art und Weise besteht, wie man zu dem Wissen gelangt ist.

Jede zufällig wahre Meinung würde zu Wissen, die Definition wäre logisch so zwar unproblematisch, ihr inhaltlicher Gehalt aber nur gering.

Es bleibt bestenfalls festzuhalten, dass eine tragfähige Definition von Wissen noch nicht abschließend gefunden ist. Dies ist insofern ein interessanter Umstand, da es dem Erfolg der erklärenden Wissenschaft keinen Abbruch getan hat, dass sie zentral einen Begriff voraussetzt, dessen Definition den strengen Ansprüchen ihrer eigenen Methode nicht entspricht.

Das Lernparadox

Obwohl Platon dem Wissensbegriff einen zentralen Stellenwert in seinen Schriften einräumt, stellt er den Wissenserwerb doch in einen besonderen Kontext. Am Anfang seiner Argumentation steht das im *Menon* entfaltete, so genannte *Lernparadox*. Dort lässt Platon den Menon ein ebenso kurzes wie schlagkräftiges Argument vortragen, das Sokrates so zusammenfasst:

> „Siehst du, was für einen streitsüchtigen Satz du uns herbringst? Daß nämlich ein Mensch unmöglich suchen kann, weder was er weiß, noch was er nicht weiß. Nämlich weder was er weiß, kann er suchen, denn er weiß es ja, und es

> bedarf dafür keines Suchens weiter; noch was er nicht weiß, denn er weiß dann ja auch nicht, was er suchen soll."[10]

Dieser streitsüchtige Satz lässt sich in heutiger logisches Form so reformulieren:

1. Wenn man etwas weiß, kann man es nicht suchen.
2. Wenn man etwas nicht weiß, kann man es nicht suchen.

Also: Ob man etwas weiß oder nicht weiß, man kann es nicht suchen. Die Konklusion wird gemeinhin derart interpretiert, dass es grundsätzlich nicht möglich ist, neues Wissen zu suchen. Ein frappanter und äußerst provozierender Schluss. Danach wäre schließlich jede Bemühung um Bildung von vorn herein zum Scheitern verurteilt. Dies will Platon mit dem Argument aber nicht zeigen. Bekanntermaßen dient es ihm als Begründung seiner Anamnesis-Lehre, der Lehre von der Wiedererinnerung, der zu Folge die Seele nach ihrem Tod die ewigen Ideen schaut und sich, nachdem sie erneut in einen Körper gefahren ist, an diese im Jenseits geschauten Ideen wiedererinnert. Auf diese Weise entgeht Platon der Konklusion, dass es kein Lernen geben könne. Gleichzeitig erhält er eine Bestätigung seiner Seelenwanderungstheorie.

Man muss die Folgerungen Platons bezüglich der Seelenwanderung oder der Wiedererinnerung nicht teilen. Da das Lernparadox aber auch unabhängig davon seine Gültigkeit behält, ist man gezwungen, entweder einzelne Prämissen dieses Arguments zurückzuweisen oder zu mit diesem Argument kompatiblen Folgerungen zu gelangen, die von denjenigen Platons verschieden sind.

Die erste Prämisse erscheint unstrittig. Das Problem liegt folglich in der zweiten, wonach man nichts suchen (lernen) kann, was man nicht weiß, da man dann ja nicht wisse, was man suchen (lernen) soll. Diese Prämisse erscheint plausibel. Um etwas zu finden, muss dieses Etwas bekannt sein. Dies meint nichts anderes, als dass *Wissen* nicht gezielt produziert werden kann. Man kann vor einem Forschungsprozess selbstverständlich nicht *wissen*, welches Wissen man am Ende erhalten wird. Eine solche Behauptung wäre schlicht zirkulär. Aus dem Lernparadox folgt also zugleich die Unmöglichkeit eines gezielten Forschungsprozesses, dessen Ergebnis mit Bestimmtheit vorhergesagt werden kann.

Zwar gestaltet sich in der Praxis ein Forschungsprozess typischerweise so, dass Hypothesen geprüft werden und erst nach Abschluss dieses

10 Platon: Werke II, 537 (80e).

Verfahrens neues Wissen gewonnen ist. Oftmals wird jedoch angenommen, dass Forschen ein gerichteter Prozess ist. Es besteht aber eben kein begrifflicher Zusammenhang, der einen gelingenden gerichteten Übergang vom Forschungsprozess hin zum Wissen garantieren würde. Sollte ein signifikanter Zusammenhang zwischen Hypothesenbildung und erfolgreicher Hypothesenbestätigung bestehen, liegt dieser nicht im Wesen des Forschungsprozesses begründet. Vielmehr hängt er von einem Vorverständnis dessen ab, was man untersucht. Ein solches Vorverständnis bedarf näherer Erläuterung. Bevor eine Hypothese gebildet wird, gibt es bereits eine Vorstellung davon, warum sie wahr sein könnte. Die Gründe, die zu solchen Vorstellungen führen, liegen in gemeinsam geteilten, (noch) unbewiesenen Annahmen und Selbstverständlichkeiten. Menschen, die in diesem Sinne dieselben Annahmen teilen, sind dadurch über diese Klasse von Annahmen verbunden. Diese Verbundenheit ist diejenige eines gemeinsamen Weltbildes.[11]

Was als *Wissen* betrachtet wird, hängt immer von dem jeweiligen Weltbild ab, weil darin ebenfalls die Bedingungen, unter denen etwas als Wissen anerkannt wird, enthalten sind. Diese Bedingungen können deshalb nicht gewusst werden, weil dazu der Wissensbegriff bereits vorausgesetzt werden muss, was zu einem Zirkel führt. Die Situation stellt sich deshalb so dar, dass wissenschaftlicher Fortschritt beziehungsweise Bildung nicht gezielt herbeigeführt werden können. Die Lösung des Lernparadox' muss daher darin bestehen, dass die Weltbilder, von denen Lernen und Wissensproduktion abhängen, im Zentrum der Aufmerksamkeit stehen müssen. Der Ausweg aus dem Paradox ist daher keine Verfeinerung des Wissensbegriffs sondern besteht darin, das Wissen als primäres Ziel der Erkenntnisbemühungen aufzugeben und es stattdessen in einen Kontext – und damit in die Abhängigkeit – des Verstehens von Weltbildern einzubetten.

Verstehen

Die Methode des Verstehens ist nicht in der Weise präzise expliziert, wie das bei der Erklärung der Fall ist. Dies liegt in der Natur der Sache, da das Verstehen ja schließlich auf die Grundlagen des Erklärens abzielt und in diesem Sinne – wenn man so will – eine metatheoretische Betrachtung darstellt. Das Verstehen ist gleichsam die umgekehrte Richtung der Er-

11 Thomas Wachtendorf: Ethik als Mythologie (Berlin 2008), 128 ff.

klärung. Denn während eine Erklärung gemäß dem berühmtesten Schema als ein Schluss von allgemeinen Gesetzen auf Einzelfälle aufzufassen ist, entzieht sich die Frage danach, *warum* dieses Schema gilt, jedoch jeder Erklärung. Anders: Die Erklärung kann sich nicht selbst erklären. Folglich gibt es etwas, das nicht erklärt, gleichwohl aber verstanden werden muss. Verstehen kann man die Konstitutionsbedingungen von Ereignissen oder auch Praktiken (deren eine die Erklärung ist). Dadurch wird eine Antwort auf die Frage gegeben, *warum* etwas so ist, nicht *wie* es funktioniert. Entsprechend sucht man beim Verstehen nicht nach der Wahrheit eines Sachverhalts, wie im Falle des Erklärens, sondern nach dessen Sinn. Die unterschiedliche Stoßrichtung zwischen dem Erklären und Verstehen lässt sich noch weiter verdeutlichen: Die Erklärung sucht nach Ursachen (also Ereignissen in der Welt, die andere Ereignisse nach sich ziehen), das Verstehen nach Gründen (also den bewegenden Motiven von Personen, die sie veranlasst haben, so zu handeln). In diesem Unterschied ist der Grund zu sehen, warum Erklärungen als Grundlage für Handlungen funktionieren können. Will jemand eine bestimmte Handlung durchführen, so wird er derjenigen Erklärung folgen, die ihm darlegt, wie er seine beabsichtigte Handlung am besten durchführt. Warum er allerdings Erklärungen grundsätzlich vertraut, warum er also glaubt, dass das von der Erklärung prognostizierte Ergebnis (das, was er mit seiner Handlung zu erreichen beabsichtigt), auch tatsächlich in der vorhergesehenen Weise eintreten wird, dafür hat er einen Grund, beispielsweise derart, dass es in der Vergangenheit immer so funktioniert hat. Letzteres ist freilich kein Beweis oder keine Erklärung für die Wahrheit oder Richtigkeit des Vertrauens in die Erklärung. Es ist danach aber möglich, Handlungen zu erklären. Den Grund, warum man Erklärungen vertraut, kann man jedoch nicht erklären, sondern nur verstehen.

Welche Erklärungen man bereit ist anzunehmen, welche Verfahren und Methoden zur Wissensgewinnung man für zulässig hält, dies sind am Ende – neben vielen anderen – Fragen des Glaubens, basale Annahmen darüber, wie die Welt organisiert ist oder auch Gewissheiten, die wir in Form eines Weltbildes ungeprüft und nicht prüfbar voraussetzen. Es ist am Ende immer dieses Weltbild, die Grundlage unserer Haltung, von dem ausgehend wir handeln. Es ist nicht die Menge an Wissen, die uns handeln lässt. Diese bestimmt höchstens die Art der Ausführung der Handlung, die jedoch ihren Grund in unserer Haltung hat.

Den hohen Stellenwert der Haltung einer Person und die Relevanz ihres Weltbildes ist zentraler Topos in der antiken Literatur. Als Beispiele seien hier der sicherlich paradigmatische Fall, den Sophokles in seiner Tragödie *Antigone* behandelt, und Platons *Staat* genannt.

In Sophokles' Stück ficht die Protagonistin Antigone einen inneren Kampf darum, was für sie das rechte zu tun sei. Antigone weiß um die Konsequenzen ihrer Handlung, für die sie sich schließlich entschieden hat: Sie beabsichtigt, ihren toten Bruder zu beerdigen, weil es die alten Gesetze so verlangen. Doch Kreon, der Herrscher von Theben, hat den Vollzug dieser Handlung aus rasendem Hass mit der Todesstrafe bedroht. Kreons Anweisung ist zwar geltendes Gesetz, aber dieses Gesetz steht im Widerspruch zu den alten Gesetzen und verstößt gegen die organisch-ausgleichende Ordnung des Gemeinwesens, der Antigone sich verpflichtet fühlt. Die Gesetze, auf die Antigone sich beruft, sind diejenigen des Gemeinwesens, also die seit jeher gemeinsam geteilte Praxis. Der Ausgang der Tragödie ist wie erwartet: Antigone beerdigt ihren Bruder und wird dafür mit dem Tode bestraft. Doch sie ist es, den der Chor für ihre Aufrichtigkeit lobt, Kreon wird gleichsam aus der Geschichte getilgt.

Eine ähnlich wichtige Rolle des Gemeinwesens findet sich in Platons *Staat*. Der darin beschriebene Philosophenkönig muss zwar allerlei Kenntnisse und Wissen erwerben, eben jenes Wissen, was zur erfolgreichen Leitung eines Staates erforderlich ist. Der Wissenserwerb erfolgt aber nicht als Selbstzweck oder bloß, um weiteres Wissen zu erwerben. Denn das Ziel, zu dem hin der Staat geführt werden soll, folgt nicht aus dem Wissen, sondern ist eine Einsicht der Weisheit, also letztlich eine Einsicht in den Maßstab, wie eine Gemeinschaft idealer Weise zusammenleben und organisiert sein soll. Während das – in dieser Lesart instrumentelle – Wissen insoweit erworben werden muss, wie es erforderlich ist, um die gegebenen Probleme lösen zu können, muss die Weisheit (um die beste Art der Staatsführung) unbeschränkt erworben werden:

> „Also auch der Philosoph, werden wir sagen, trachte nach Weisheit, nicht nach einiger zwar, nach anderer aber nicht, sondern nach aller."[12] Denjenigen, der diese Anforderung erfüllt, nennt Platon weisheitsliebend: „Wer aber ohne Umstände alle Kenntnisse zu kosten pflegt … , den werden wir wohl mit Recht weisheitsliebend nennen."[13]

An diesen beiden Beispielen zeigt sich bereits, dass dem Gemeinweisen bzw. den dieses konstituierenden Gesetzen eine zentrale Rolle zukommt. Sie bilden die Grundlage, auf der Haltungen entstehen, woraus wiederum

12 Platon: Werke IV, 449 (475b).
13 Platon: Werke IV, 451 (475c).

Handlungen erwachsen. Zugleich ist eine Strukturähnlichkeit des Verstehens zum Erklären erkennbar. Während letzteres immer Voraussetzungen (Prämissen) braucht, von denen es ausgehen kann und die wiederum anerkannt sein müssen, bedarf es bei ersterem eines Bezugs, auf den hin verstanden wird. Also ist, um erfolgreich etwas erklären zu können, neben den gegebenen Befunden ein Konsens darüber nötig, was als erfolgreiche Erklärung gilt; es bedarf einer Wissenschaftstheorie. Um aber verstehen zu können, bedarf es nicht eines solchen Konsenses sondern vielmehr einer gemeinsam geteilten Basis, eines Weltbildes, das die, die verstehen wollen, teilen. Obwohl in beiden Fällen gleichermaßen eine Angewiesenheit auf etwas außerhalb der Erklärung beziehungsweise des Verstehens vorliegt, unterscheiden sich der nötige Konsens im Falle der Erklärung und das Weltbild im Falle des Verstehens systematisch. Ein Konsens kann auch durch Übereinkunft oder durch Festlegung *hergestellt* werden, ja er ist sogar einer ständigen, direkten Veränderung beispielsweise durch neue Erkenntnisse ausgesetzt. Ein Weltbild wird demgegenüber nicht hergestellt, es entsteht aus einer gemeinsamen Praxis – den Regeln und Gesetzen des Gemeinwesens – und bietet überhaupt erst die Grundlage, auf dem ein Konsens entstehen kann, weil darin die Regeln, die zur Konsensbildung nötig sind, enthalten sind. Sind es im Falle der Antigone die ewigen Gesetze des Gemeinwesens, ist es in Platons Staat die Weisheit zur Lenkung des Staates, die jeweils die Grundlage weiteren Handelns und Wissenserwerbs darstellen.

Das Wissen betreffend bleibt festzuhalten, dass es in der Antike im Dienst und in der Abhängigkeit eines Bezugspunkt wie den Regeln des Gemeinwesens steht.

Es stellt sich gleichwohl die Frage, woher dieser Bezugspunkt kommt, ob er verloren gehen oder zerstört werden kann. Kann vielleicht gar Unklarheit darüber bestehen oder Streit ausbrechen? Dazu müssten allererst jedoch die ja grundsätzlich unbewusst geteilten, gemeinsamen Regeln bewusst und der Reflexion zugänglich werden. Dies geschieht beispielsweise bei jeder Form von Dissens, etwa im Streit (auch darüber, was als Wissen anerkannt werden soll) oder wenn man auf völlig unbekannte Personen trifft, die mit Unverständnis auf das reagieren, was man für selbstverständlich hält.

Probleme des Verstehens

Der Fall, in Sprache und Handlungen vollkommen fremde Menschen zu treffen, wurde im 20. Jahrhundert zum beliebten Gedankenexperiment, mit dessen Hilfe versucht wurde, die Probleme des Verstehens systematisch zu erfassen und möglichst auch zu lösen.

Willard Van Orman Quine etwa ließ in einer berühmt geworden Passage seines Hauptwerks *Wort und Gegenstand*[14] einen Sprachforscher auf ein völlig unbekanntes Volk stoßen, deren Sprache er erlernen will. Das vorliegende Problem ist hier das der radikalen Übersetzung. Einzig die Laute für Zustimmung und Ablehnung seien dem Sprachforscher bekannt. Ein erster Zugriff auf die fremde Sprache erfolgt über aktuell stattfindende Ereignisse, die der Fremde kommentiert. Beim wiederholten Auftreten von Ereignis und Kommentar kann der Sprachforscher die Kommentare des Fremden wiederholen und daraufhin zu prüfen versuchen, ob er sie richtig anwendet. Am Ende stellt sich jedoch heraus, dass es dem Sprachforscher nicht gelingen wird, die Sprache des Fremden vollständig zu verstehen. Dies liegt daran, dass dem Sprachforscher und dem Fremden nur Beobachtungen zur Verfügung stehen, die sie kommentieren. Der Sprachforscher kann aber niemals wissen, ob sich seine Beobachtung und diejenige, die der Fremde kommentiert, auf dasselbe Objekt beziehen und mithin der Laut des Fremden das bezeichnet, was der Sprachforscher unterstellt – die Referenz der Wörter bleibt uneindeutig. Weitet man dieses Argument aus, muss aus demselben Grund nicht nur eine Übersetzung in eine andere Sprache immer unbestimmt bleiben, weil jedes Verstehen einer anderen Sprache am Ende von dem Problem der radikalen Übersetzung betroffen ist, sondern vielmehr jede (sprachliche) Kommunikation, denn den anderen zu verstehen heißt immer, dessen Äußerungen bereits Bedeutungen zuzuordnen beziehungsweise zu unterstellen. Jedes Verstehen ist daher immer auch ein Übersetzen der Wortverwendung des anderen in die eigene.[15]

Quines Überlegungen haben viel zur Erhellung des Problems des Verstehens beigetragen und auch die prinzipiellen Grenzen des Verstehens aufgezeigt. Es bleibt allerdings bemerkenswert, dass Kommunika-

14 Willard Van Orman Quine: Wort und Gegenstand (Stuttgart 1980) 59–147.

15 Vgl. Michael Sukale: Wahrheit, Referenz und Bedeutung in der modernen Sprachphilosophie, in: ders. (Hg.): Moderne Sprachphilosophie (Hamburg 1976) 11–51, hier: 42.

tion trotzdem oftmals gelingt, obwohl jede Übersetzung letztlich unbestimmt ist.

Ludwig Wittgenstein konstruiert in den *Philosophischen Untersuchungen*[16] eine ganz ähnliche Situation. Zwar geht er von ganz anderen Annahmen bezüglich der Herkunft der Bedeutungen von Wörtern aus (Für Wittgenstein resultieren die Bedeutungen der Wörter aus dem tatsächlichen Sprachgebrauch einer gelingenden Kommunikation. Insofern haben die theoretischen Überlegungen Quines etwa für die Sprach*praxis* der Menschen keine Relevanz.), sieht sich aber ebenfalls dem Problem der radikalen Übersetzung gegenüber. Wittgensteins Ansatz erscheint einleuchtend und richtig, bietet aber auch keine endgültige Lösung an:

> „Denke, du kämst als Forscher in ein unbekanntes Land mit einer dir gänzlich fremden Sprache. Unter welchen Umständen würdest du sagen, daß die Leute dort Befehle geben, Befehle verstehen, befolgen, sich gegen Befehle auflehnen, usw.? Die gemeinsame menschliche Handlungsweise ist das Bezugssystem, mittels dessen wir uns eine fremde Sprache deuten."

Wittgenstein unterstellt als Bezugspunkt, um eine fremde Sprache verstehen zu können, eine *gemeinsame menschliche Handlungsweise*. Genau betrachtet ist das auch, was Quine stillschweigend tut, wenn er – im Grunde inkonsistent – behauptet, die Sprache und Kultur des Fremden wären vollkommen unbekannt, gleichwohl wären dem Sprachforscher aber die Formen der Zustimmung und Ablehnung vertraut. Auch Quine setzt in seinem Gedankenexperiment folglich zumindest ein Minimum an gemeinsamer Handlungsweise voraus. Damit scheint die Antwort auf die Frage, unter welchen Umständen eine unbekannte Sprache verstanden werden kann, darin zu liegen, dass man zumindest ein Minimum an Praxis mit dem Fremden teilen muss.

Nun ist Sprachverstehen zwar von großer Wichtigkeit für den Menschen, weil das Leben des Menschen sprachlich verfasst ist, gleichwohl ist es nicht mit dem Verstehen eines anderen Menschen identisch. Dies hat auch Wittgenstein gesehen, der in einem späteren Text diese in Hinsicht auf das Verstehen pessimistische Passage schreibt:

> „Das [nämlich die Schwierigkeit, andere zu verstehen, T. W.] erfährt man, wenn man in ein fremdes Land mit gänzlich fremden Traditionen kommt; und zwar auch dann, wenn man die Sprache des Landes beherrscht. Man

16 Ludwig Wittgenstein: Philosophische Untersuchungen (Frankfurt a. M. 1999), § 206.

> versteht die Menschen nicht. (Und nicht darum, weil man nicht weiß, was sie zu sich selber sprechen.) Wir können uns nicht in sie finden.“[17]

Obwohl Wittgenstein also die Möglichkeit sprachlichen Verstehens zugesteht, könne es ihm zufolge dennoch sein, dass man Fremde trifft, die man nicht verstehen kann.

Es stellt sich vor diesem Hintergrund die Frage, ob, wenn doch für sprachliches Verstehen eine gemeinsame Handlungsweise ausreicht, dies nicht auch für das Verstehen anderer Menschen gelten könne.

Der Vorrang des Verstehens

Im Zentrum des Denkens der Antike stand offensichtlich nicht das Wissen, sondern vielmehr die Weisheit. Freilich setzt Weisheit Wissen voraus, aber eben nur instrumentell. Gegenstand des antiken Denkens war stets das Ganze des Staates, der Gemeinschaft oder eine vergleichbare verbindende Instanz. Allererst ging es darum, dieses Ganze zu verstehen, also die in ihm wirkenden Gesetze zu erkennen.[18] Erst danach sind Erklärungen – die Wissen voraus setzen – von Interesse, da das Wissen seinen Wert eben aus dem Nutzen für das Ganze bezieht. Das Problem von dieser, der verstehenden Art des Denkens ist, dass sie einen gemeinsamen, komplexen, mitunter nur von wenigen Menschen geteilten Bezugspunkt, was Gegenstand des Verstehens sein soll und worauf sich entsprechend das Denken beziehen kann, voraus setzt. Fehlt ein solches gemeinsames Weltbild oder wird es nicht in derselben Tiefe geteilt (etwa bei Menschen mit sehr unterschiedlichem kulturellen Hintergrund oder weil über die Zeit ein Wandel oder gar Erosion eintreten), verliert das Verstehen an Relevanz. Das Erklären und das ihm zugehörige Wissen setzen demgegenüber einen weniger komplexen Bezugspunkt voraus, der nicht so stark der Erosion ausgesetzt ist und zum Weltbild sehr vieler Menschen gehört. So konnten Wissen und Erklärung ihre Relevanz behalten und schließlich ihren Siegeszug antreten.

Die Antike hat jedenfalls den in der Neuzeit eingeschlagenen Weg keineswegs determiniert. Im Gegenteil ist stattdessen ein wichtiger Aspekt antiken Denkens, nämlich die Ausrichtung desselben auf das verbindende Ganze, verloren gegangen. Heidegger spricht in diesem

17 L. Wittgenstein: Philosophische Untersuchungen, 568.

18 Vgl.: Friedrich Märker: Das Menschenbild des Abendlandes (München 1963), 10 ff.

Kontext im 20. Jahrhundert von *Seinsvergessenheit*[19], die ihm zufolge bereits nach den Vorsokratikern einsetzt. Die Geschichte des Bewusstseins vom verbindenden Ganzen, des Seins, stellt sich in diesem Licht als eine Verfallsgeschichte dar. Analog dazu kann man – allerdings weniger ontologisch – spätestens ab dem 15. Jahrhundert mit dem Einsetzen des großen Erfolgs der erklärenden Wissenschaften von *Menschlichkeitsvergessenheit* sprechen, die zur Folge hat, dass die Frage nach dem Zweck des gewonnenen Wissens entweder gar nicht mehr gestellt oder zumindest nicht mehr hinsichtlich der Bedeutung oder der Rolle dieses Wissens in einem gemeinsamen Weltbild begriffen wird. Der Einfluss des Wissens auf die Weltbilder vollzieht sich aber dennoch, nur eben unhinterfragt und unbewusst. Auf diese Weise wird das Denken gleichsam durch eine „einseitige Diät"[20] schleichend nur noch auf Erklärungen hin ausgerichtet. Es ist klar, dass dadurch der Blick für Fragen der Menschlichkeit – beispielsweise: Was ist der Mensch? Wie wollen wir leben? – verloren geht und die Relevanz dieser Fragen an den Rand gedrängt wird. Um auf die eingangs genannten Beispiele zurück zu kommen: Jeder Bericht stellt bestenfalls bloß dar, wie sich etwas verhält. Er kann niemals sagen, wie es sich verhalten sollte. Und selbst wenn er das täte, würde es nicht helfen, da es keine wissenschaftlich gesicherte Methode gibt, die verlässlich garantieren kann, dass das gewünschte Ziel auch erreicht wird. Die Entscheidung, wie etwas sein soll, wie der Mensch leben will, ist allein eine Entscheidung der Menschen. Für diese Entscheidung bedürfen die Menschen aber nicht weiteren Wissens, sondern sie müssen sich und ihre Lebenswelt verstehen. Mit anderen Worten: Es ist unerheblich, wie viele Bildungsberichte[21] im Bildungsbereich geschrieben und Schulleistungsvergleichsarbeiten[22] durchgeführt werden, dadurch *allein* wird das schulische Bildungssystem nicht auch nur ein wenig besser. Daraus erhellt zugleich die Sinnlosigkeit der Idee, Entscheidungen ausschließlich von Wissen abhängig zu machen. Schließlich ist es viel Erfolg versprechender, ausgehend von einem Verständnis des Menschen und dessen Lebenswelt, Kriterien abzuleiten, was schulische Bildung leisten können muss, um den Menschen in den Stand zu versetzen, die Herausforderungen des Lebens bewältigen zu können und das Weltbild, in dem er lebt, verstehen zu können. Grundlegend sollten dabei diejenigen Herausforderungen sein,

19 Vgl. Martin Heidegger: Sein und Zeit (Tübingen 2006).
20 L. Wittgenstein: Philosophische Untersuchungen, § 593.
21 Vgl.: Nationaler Bildungsbericht 2006, 2008, 2010, www.bildungsbericht.de
22 Beispielsweise PISA, TIMMS, VERA.

die einem jeden menschlichen Weltbild (notwendig) zu Grunde liegen. Dies sind solche, denen sich ausnahmslos jeder Mensch gegenüber sieht. Welche das sind, hat Karl Jaspers in seiner existenzialistischen Philosophie umrissen. Der Existenzialismus ist diejenige philosophische Strömung, die das reine Sein als Faktizität, also als gegeben und unhintergehbar, begreift und die Ereignisse des Lebens in Bezug darauf und auf das Ende des Seins – den Tod – bestimmt. Damit ergänzt der Existenzialismus wirkungsvoll den fehlenden Aspekt der Philosophie der Antike, insofern er eine allgemeine Bestimmung des Menschen vornehmen kann, wie es im klassischen Griechenland nicht möglich war, da gemäß der vorherrschenden Wissenschaftsauffassung das Sein in Wesensmerkmale (die die Substanz bestimmen) und Eigenschaften (Akzidentien) zerfällt. Auf dieser Basis ist eine Wesensbestimmung des Menschen zum Scheitern verurteilt, weil der Mensch dadurch darauf reduziert wird, ein Konglomerat von Substanz und Akzidenz, also letztlich gegenständlich zu sein. Der Mensch ist aber kein – oder nicht ausschließlich – derartiges Zusammengesetztes sondern er *ist* einfach. Diese Feststellung muss die Basis weiterer Untersuchungen sein. Von dieser Annahme ausgehend identifiziert Jaspers so genannte *Grenzsituationen*, die allen Menschen gleichermaßen eignen. Solche sind beispielsweise: „daß ich immer in Situationen bin, … daß ich sterben muss".[23] Sobald der Mensch lebt, kann er sich diesen Grenzsituationen nicht entziehen. Jede seiner Handlungen steht in einem Bezug zu ihnen. Insbesondere die Handlungen, die eigentlich darauf abzielen sollen, sich den Grenzsituationen zu entziehen, stehen in der engsten Abhängigkeit zu ihnen, weil sie diese zu ihrem unmittelbaren Gegenstand haben. Dementsprechend sind für Jaspers diese Grenzsituationen „wie eine Wand, an die wir stoßen, an der wir scheitern".[24] Und dieses Scheitern ist ständig präsent in unserem Leben. Wir reagieren darauf entweder unreif, weil wir die Lage noch nicht richtig erkannt haben, oder wir sind gelassen, weil wir die Situation und ihre Unentrinnbarkeit klar sehen, oder wir verzweifeln daran, weil wir zwar die Lage erkennen, uns aber nicht mit ihr abfinden können. Wie auch immer: All unsere Handlungen werden so zum Ausdruck einer Haltung zur Welt. Folglich kann man diese Haltung, die Handlungen und damit den Menschen beziehungsweise das menschliche Leben vor diesem Hintergrund verstehen. Keine Menge an Wissen könnte hier eine adäquate Erklärung liefern, es wird im Gegenteil ebenfalls erst vor diesem Hintergrund ge-

23 Karl Jaspers: Philosophie II – Existenzerhellung (Berlin u. a. 1973), 203.
24 K. Jaspers: Philosophie II – Existenzerhellung, 203.

wonnen. Eingedenk dessen ist es dringend erforderlich, verstehen zu wollen und die damit verbundenen Methoden in den Mittelpunkt menschlichen Forschens zu stellen. Selbstverständlich folgt aus dieser Forderung nicht, dass die Suche nach Wissen abgebrochen werden soll. Aber *Wissen* darf nicht zum Selbstzweck, losgelöst von jeder Verankerung in der menschlichen Lebenswelt, werden. Das antike Denken hilft hier weiter: Im Zentrum menschlichen Handelns muss das Ganze – der Mensch – stehen, den zu verstehen der Jasper'sche Existenzialismus eine verlässliche Basis bildet. Aus dem Bild des Menschen, das man auf diese Weise gewinnt, folgt dann, welche jeweilige Rolle dem Wissen zukommt.

Ethik der Existenzsicherung

Über die soziale Verantwortung des Unternehmertums bei Aristoteles

PETER SEELE

Einleitung

Martin Heidegger fragte zur Behauptung seiner Philosophie: „Warum ist überhaupt etwas und nicht vielmehr nichts?"[1] Und Josef Ackermann, Vorstandsvorsitzender der Deutschen Bank gibt viele Jahre später die Antwort: „Ohne Gewinn ist alles nichts!"[2]

Was also ist die verborgene Übereinkunft von Existenz und ertragreichem Wirtschaften? Haben die Existenzialisten etwa übersehen, dass nicht nur das Geworfen-Sein auf eine Bühne, die Verdammung zur Freiheit und die Hölle der Mitmenschen die menschliche Existenz bedingen, sondern dass der wirtschaftliche Ertrag erst die fortwährende Existenz ermöglicht? Oder hat Josef Ackermann hier eine Marktideologie im Sinne, die sich über ontologische Grundbedingungen der menschlichen Existenz hinwegsetzt und den Profit über alles stellt, ja ihn zur Bedingung der *conditio humana* macht? Wäre so nicht die Philosophie, die Kultur und das Gemeinwesen eine abhängige Variable einer unternehmerischen Einnahmenüberschussrechnung, die das Primat des Ökonomischen in bester U.S. Wahlkampfrhetorik *It's the economy, stupid!* belegt?

Eines scheint die Beantwortung der Frage Heideggers mit Josef Ackermann immerhin zu zeigen und kann als Hypothese dieses Aufsatzes festgehalten werden: Der Ertrag ist ein Antrieb für währendes Fortbe-

---

1 Martin Heidegger: Was ist Metaphysik? (Frankfurt 1943) 122. Im Original: „Warum ist überhaupt Seiendes und nicht vielmehr nichts?" Das Argument geht im Übrigen auf Leibniz zurück und wurde in ähnlicher Form auch von Karl Jaspers vorgebracht.

2 Wirtschaftswoche Nr. 49 vom 30.11.09, S. 130.

stehen.[3] Fehlender Gewinn kann sich also negativ auf die Nachhaltigkeit in Form des Fortwährens auswirken. So gesehen wohnt der unternehmerisch gestalteten Schuldenvermeidung und Ertragsorientierung eine ethische Dimension der Existenzsicherung durch Arbeitsverhältnisse und Beschäftigungsperspektiven inne – verstehen wir Ethik nicht exklusiv als metatheoretisches Addendum einer philosophischen Hochkultur, sondern auch von ihrer Etymologie her als Gewohnheit, Sitte oder Moral und der wissenschaftlichen Reflexion dieser Moral[4].

Geht ein Philosoph auf Nummer sicher, schaut er bei Aristoteles nach, dem Begründer des westlichen Wissenschaftsparadigmas und seiner Ausdifferenzierung in Disziplinen und Gattungen. Aristoteles wird zumeist dann zum Thema Ökonomie herangezogen, wenn es um seine systematisch-philosophischen Beiträge zum Gelderwerb (*Chrematistik*) in Abgrenzung zum guten Leben in der *Politik* (insb. I, 8–11) oder der *Nikomachischen Ethik* (I, 3) geht.

Als wenig angesehene Schrift, deren Autorenschaft zudem nicht garantiert werden kann, gelten die *Oikonomika* des (Pseudo-)Aristoteles, die gleichwohl in das *Corpus Aristotelicum* aufgenommen wurden und somit in der Rezeption zumindest ein Gewicht im Werk des Aristoteles erhalten.

In diesem Fragment zweifelhafter Autorenschaft und Herkunft, erfahren wir einige Grundelemente (die über den Status von Mosaiksteinen schwerlich hinauskommen) des unternehmerischen Handelns, da uns Pseudo-Aristoteles (der im Folgenden mit Bezug auf das *Corpus* und der besseren Lesbarkeit halber als Aristoteles bezeichnet werden soll) auf der Mikro- wie auf der Makroebene – anders als in der Ethik – praktisches Handlungswissen an die Hand gibt, wie sich Haushalte zu verhalten haben, um sinn- und planvoll wirtschaften zu können – im Angesicht von knappen Mitteln in einer Welt von Feinden. Auf die Ebene der Mikroökonomie, wie wir sie in der Wirtschaftswissenschaft für Einzelhaushalte zu nennen gewohnt sind, verweist er im I. und III. Buch, wenn es um die Hauswirtschaft im engeren Sinne geht, also die Organisation der Abläufe zwischen Hausherr, Hausfrau, Kindern und Sklaven. Im zweiten Buch wechselt Aristoteles die Perspektive und schaut auf die Staatsfi-

3 So fragwürdig der Profit für die durch denselben Josef Ackermann geforderten 25 Prozent Eigenkapitalrendite sein mag in einer Gier-Debatte und einer sich spreizenden Schere zwischen Arm und Reich.

4 Dieter Birnbacher: Einführung in die analytische Ethik (Berlin/New York 2007) 2.

nanzen der griechischen Stadtstaaten und wie sich diese in einer Zeit kriegerischer Auseinandersetzungen mit Söldnerheeren und gegenseitiger Ausbeutung auch im Angesicht überforderter Staatsfinanzen organisieren ließen.

Im folgenden Artikel extrahiere ich also aus den drei Büchern der *Oikonomika* jene Handlungsempfehlungen, Beispielgeschichten und Erkenntnisse, die in der Summe als eine implizite Theorie des Unternehmertums des Aristoteles verstanden werden können. Den Kern dieser Theorie bildet die Legitimation eines Profitstrebens[5], das im nächsten Schritt der Interpretation Aristoteles nicht als Profitmaximierung sondern als Schulden- und/oder Bankrottvermeidungsprinzip insbesondere für Privathaushalte zu sehen ist.

In den drei wenig kohärenten Bänden der *Oikonomika* stellt Aristoteles praktisches Handlungswissen einerseits der Hauswirtschaft, andererseits der Staatswirtschaft und schließlich des Ehelebens in fragmentarischer Form und stilistischer Differenz zur Verfügung. Aufschlussreich ist das Werk insofern, da darin ein Einblick abseits der abstrakten, philosophischen Reflexion zu den großen Fragen der kanonisierten Werke vorzufinden ist.

Aufbau und Inhalt der *Oikonomika* zeigen, dass das Werk einen Sonderstatus im Oeuvre Aristoteles' einnimmt: Es ist uneinheitlich in seiner Gesamterscheinung. Es genügt nicht den philosophischen Ansprüchen der bekannten Werke hinsichtlich Sprache und Erscheinungsform und es muss angenommen werden, dass Aristoteles selbst nicht der Autor der drei Bücher der *Oikonomika* ist. Zu Recht wird das Buch also als pseudo-aristotelische Schrift bezeichnet.[6] Die aus der *Oikonomika*

---

5 Dazu auch die Dissertation von Gronemeyer die allerdings nicht die *Oikonomika*, sondern hauptsächlich die Politik und die Ethik zur Grundlage hat und die Frage stellt, ob sich *Profitstreben als Tugend* in der politischen Ökonomie des Aristoteles fassen ließe. Matthias Gronemeyer: Profitstreben als Tugend? Zur Politischen Ökonomie bei Aristoteles (Marburg 2007).

6 Für weitere Informationen zur *Oikonomika* siehe Ulrich Victor: Aristoteles, Oikonomikos. Das erste Buch der Oekonomik – Handschriften, Text, Übersetzung und Kommentar – von Ulrich Victor, Beiträge zur Klass. Philologie, Heft 147 (Königstein 1983). Christos P. Baloglou: Hellenistic Economic Thought, in: Todd Lowry/Barry Gordon (Hg.): Ancient and medieval economic ideas and concepts of social justice (Leiden/New York/Köln 1998) 105–147. Kai Brodersen: Einleitung, in: Ders: Aristoteles, 77 Tricks zur Steigerung der Staatseinnahmen (Oikonomika II) (Stuttgart 2006) 9–32. Oder die Ausgabe der Werke Aristoteles von Renate Zoepffel (Hg.): Aristoteles, Oikonomika.

zu extrahierende Theorie des Unternehmertums soll dieser Umstand in keiner Weise schmälern, wie die folgenden Thesen und Beispielfälle primär des II. Buchs zeigen mögen.

Der kategorische Profitiv

Wie wir im zweiten Buch der *Oikonomika* erfahren, behandelt Aristoteles vier Akteure und deren Umgang mit knappen Ressourcen in widrigen Zeiten: Das *Königshaus*, die *Provinz*, die *Polis* und schließlich den *Privathaushalt*. Den kurzen, theoretischen Überlegungen, die den Beispielfällen vorangehen, sind einige explizit unternehmenstheoretische Passagen zu entnehmen, die die Klugheit des Handlungswissens auf eine unprätentiöse Weise aufzeigen. Die eingangs zitierte These des Bankers Josef Ackermann, dass *ohne Gewinn alles nichts* sei können wir in ähnlicher Form also auch in den *Oikonomika* finden. Nachdem Aristoteles die vier Akteure vorgestellt hat, kommt er auf das verbindende Grundprinzip zu sprechen, welches in der hochstufigen Philosophie bereits wegen seiner Trivialität mit Spott quittiert wurde. Wir können das Grundprinzip hier als den *kategorischen Profitiv* zur Vermeidung von Defiziten bezeichnen.

> Abgesehen davon [den vier Arten der Akteure] gibt es noch eines, was in allen Wirtschaftsarten beachtet werden muss, und zwar nicht nur nebenbei, besonders aber in dieser (privaten), nämlich (darauf zu achten), dass die Ausgaben nicht größer werden als die Einnahmen (Oik. II, 1.6).

Über die Art zu wirtschaften, die wir hier als das Unternehmertum verstehen wollen, lernen wir anhand dieser Aussage zweierlei.

1. Die trivial anmutende These, dass die Einnahmen größer als die Ausgaben sein sollen, ist für jeden, der in der operativen Verantwortung steht, vielleicht intellektuell trivial, jedoch die existentielle Bedingung der ökonomischen Fortexistenz. Josef Ackermanns *ohne Gewinn ist alles nichts* spiegelt diese existenzgefährdende im heideggerschen Sinne existentialistische Auffassung wieder. Allerdings schließt sich eine ethische Überlegung an, inwieweit das Delta zwischen Einnahmen und Ausgaben eine gewisse Größe haben muss oder darf. Folgen wir Aristoteles, so lernen wir, dass das Delta zwischen Einnahmen und Ausgaben nicht negativ sein solle, wohingegen

---

Schriften zu Hauswirtschaft und Finanzwesen. Übersetzt und erläutert (Berlin 2006).

Ackermann von der häufig kritisierten Kapitaleigenrendite von 25 Prozent als Jahresgewinn der Deutschen Bank spricht. Sollte das Delta doch größer sein, so gelangen wir in die Schuldenökonomie, die Aristoteles in seinen Fallbeispielen des 2. Buches behandelt und die wir hier auch noch kennen lernen werden, denn die Reinheit der Schuldenvermeidungsthese im Sinne eines kategorischen Profitivs findet in der Praxis nicht zwingend Entsprechung.

2. Die vier Akteure im Wirtschaftsleben stehen bei Aristoteles nicht gleichberechtigt nebeneinander. Die Feststellung, die Einnahmen mögen größer als die Ausgaben sein trifft dem Grunde nach für alle vier Akteure zu, jedoch betont Aristoteles, dass die Schuldenvermeidung oder anders gesagt, die Bankrottgefahr für Privathaushalte besonders zu beachten sei. Sind die anderen drei Akteure Königshaus, Provinz und Polis ihrem Wesen nach Kollektive (nimmt man das Königshaus als administratives Herrschaftsgebilde – immerhin heißt es nicht König), deren Schuldenfähigkeit eine deutlich andere ist als die eines Privathaushalts. Davon zeugen auch die 77 Beispiele, die wir im II. Buch zur Kenntnis nehmen können. Unternehmertum in seiner Direktive als kategorisches Profitmotiv gilt somit nicht zwangsläufig für die kollektiven Entitäten, deren Ausgaben also in der Konsequenz nicht zwangsläufig geringer als die Einnahmen zu sein haben.

Die Passage, die wir als Grundmotiv einer aristotelischen Unternehmertumstheorie verstehen können, ist in der Aristotelesrezeption nicht nur wohlwollend für die *Oikonomika*, sondern gerade als qualitätsreduzierend verstanden worden. Die theoretischen Gedanken des II. Buchs werden beschrieben als „arg oberflächlich" und das kategorische Profitmotiv zur Existenzsicherung wird als „Gipfel" dieser oberflächlichen Überlegungen bezeichnet[7]. Verglichen mit den hochstufig-philosophischen Argumenten der aristotelischen *Politik* oder *Nikomachischen Ethik* kann die Überlegung gewiss als weniger tiefgründig bezeichnet werden. Gleichwohl besteht in der Beachtung des Profitmotivs bei operativer Verantwortung – für die sich Philosophen und Historiker in den meisten Fällen nicht unbedingt auszeichnen – eine ethische Verantwortung, die im Folgenden als die unternehmerische Verantwortung bezeichnet werden kann und die dem Profitmotiv folgend jedoch in Abgrenzung zur Profitmaximierung verstanden werden muss.

7 K. Brodersen: Einleitung, 12.

Das Unternehmen und die Ethik der Existenzsicherung

Kritisch anzumerken bleibt an dem Profitmotiv, dass Aristoteles in der Nähe seiner Position in der *Nikomachischen Ethik* verbleibt, wenn er nicht ausdrücklich den Gewinn fordert, sondern streng genommen das Defizit vermieden wissen möchte. Gewinn im Sinne einer positiven Differenz zwischen Einnahmen und Ausgaben fordert er nicht ausdrücklich. Seine Negativformulierung besagt folglich nur, dass die Ausgaben nicht größer als die Einnahmen sein mögen. Ein buchhalterisches Gleichgewicht zu erzielen wäre somit das höchste Ziel, das dem Profit als Selbstzweck im Sinne seiner Maximierung ebenso zuwiderläuft wie die womöglich intendierte Anhäufung von Defiziten, die zum Bankrott und damit zum Entzug der Grundlage des Unternehmens führen können. Diese Auffassung führt zu einer affirmativen Position des Profits, die der *Nikomachischen Ethik* zufolge gar nicht angelegt sein sollte, die sich aber aus dem Kriterium des Erhalts durch nicht-Defizite oder Profite ergibt und eine ethische Kategorie eigenen Rechts darstellt.

Profit im wirtschaftlichen Handeln ist operativ so wenig trivial wie es vielleicht intellektuell oberflächlich ist. Profitmaximierung hingegen hat nicht die existenzsichernde Funktion des Profitmotivs, sondern verfolgt den Profit mit nach oben offenem Grenznutzen als Zweck. Diese existenzsichernde Funktion des Profitmotivs stellt schlicht die Bedingung dar, dem Ende durch Bankrott für den Haushalt und seine Mitglieder entgegenzuwirken. Insofern stellen die *Oikonomika* und hier die Unternehmertumtheorie eine besondere Wertschätzung des Stellenwerts der Ökonomie in der Gesellschaft dar. Gronemeyer spricht in diesem Zusammenhang davon, dass Aristoteles wie kein zweiter in die „materielle Organisation des menschlichen Seins eingedrungen“ ist[8].

Das unternehmerische Profitmotiv jedoch ist streng abzugrenzen von anderen Arten des Gewinnstrebens wie „Raub, Eroberungskrieg, Ausbeutung natürlicher Ressourcen oder die Jagd“[9]. Diese Note einer Kritik des Gewinnstrebens erfahren wir ebenso bei Aristoteles in der *Politik* unter dem Stichwort des guten Lebens und bei dem Hinweis auf die Regeltreue und einer Überflussvermeidung.

Die folgenden Beispiele aus der *Oikonomika*, die wir in aktuellem Jargon auch *Case Studies* nennen könnten, zeugen von dieser Macht des Wirtschaftlichen. Ferner können sie zeigen, wie ein radikal-marktliches

---

8 M. Gronemeyer: Profitstreben als Tugend?, 7.

9 ebd.: 8.

System in der Binnendifferenzierung erneuert werden kann durch die Herrscher und in der Außendifferenzierung durch die krisenhaften und kriegerischen Auseinandersetzungen mit anderen Stadtstaaten.

So erfahren wir von einer Reihe von Stadtstaaten, die unter akuter Geldnot litten, deren Ausgaben die Einnahmen überschritten und die Unsummen in Söldnerheere investierten, die wiederum zu einem beträchtlichen Teil durch die Einnahme anderer Stadtstaaten kompensiert wurden.

Aristoteles begründet die Auflistung seiner Fallstudien mit dem Nutzen dieser Forschung, da sie dem Leser Beispiel sein kann für eigene Zwecke die er *unternimmt*. Insofern ist es die Funktion des Unternehmens, die wir hier in ihrer Bedeutung eines substantivierten Verbs kennenlernen und die uns als Substantiv als das Unternehmen im Sinne einer wirtschaftlich operierenden Organisation so geläufig ist. Dem Substantiv Unternehmen ist also das Operative auf zwei Arten innewohnend. Zum einen als Beschreibung des Unternehmens als tätige, meist juristische Person, deren Aufgabe und Zweck das Unternehmen von was auch immer ist. Im Englischen *Enterprise* haben wir diese Funktion des Operativen in ihrer dreifachen Übersetzung als *Unternehmen* (Substantiv), *Unternehmensgeist* und *Unternehmenslust*. Die Nachhaltigkeit des Unternehmens (Substantiv) ist in die des Unternehmens (Substantiv) in seinem jeweiligen (etwas) unternehmen begründet, welches eben dem aristotelischen Profitiv zu folgen hat.

In den *Oikonomika* heißt es zur Erklärung und theoretischen Begründung, weshalb die 77 historischen Fallstudien aufgelistet werden:

> Was aber Leute bisher unternommen haben, um Geld aufzubringen, und was sie ‚gekonnt' dazu eingerichtet haben, das haben wir, wenn es uns der Rede wert erschien, zusammengetragen. Denn wir glauben, dass diese Forschung nicht unnütz ist. Möglicherweise passt nämlich das eine oder andere von diesen Beispielen zu dem, was man selbst unternimmt (Oik. II, 1.8).

Zunächst ist festzuhalten, dass wir es mit *Forschung* zu tun haben, die zudem *nützlich* ist. Der Nutzen der zusammengetragenen Beispiele liegt somit in ihrer Lehrhaftigkeit für den Leser, der durch die Beispiele im Sinne einer Übertragbarkeit in seinem unternehmerischen Handeln besser werden kann. In diesem, nicht abfälligen Sinne haben wir es mit Ratgeberliteratur zu tun, die aus vergangenem Unternommenen Anleitung und Beispielhaftes zu erzählen hat.

Das Können, die Fertigkeit und somit das Fachwissen sind hier die entscheidenden Kriterien, die Aristoteles zur Wahl seiner Beispiele bewogen haben. Die Fertigkeit im Sinne einer Technik ist somit das Ziel der Lehrhaftigkeit, die sich aus den erwählten Beispielen ergibt. Dabei, so Aristoteles, sind die Beispiele nicht willkürlich gewählt, sondern folgen dem Selektionskriterium, was eben *der Rede wert* sei.

Als wesentliches Merkmal des Unternehmerischen und damit des Unternehmertums in seiner je stärkeren Substantiierung können wir also das Handeln, das *Doing* verstehen, in dem sich der operative Prozess des Unternehmens, das unternehmen (Verb) selbst als Unternehmen (Substantiv) ereignet und welches als habitualisierte Form in einer Gesellschaft das Unternehmertum hervorbringt.

Der Haushalt und die Aufgabe der Politik

Das Handeln der vier verschiedenen Akteure *Königshaus*, *Provinz*, *Polis* und *Privathaushalt*, die im zweiten Buch dargestellt werden, geschieht nicht im leeren Raum. Die Gemeinschaft und das Gemeinwesen werden als zentral für das Unternehmen als das zu Unternehmende erachtet von Aristoteles. Die zentrale Einheit, der die *Oikonomika* und schließlich die Ökonomik und die Ökonomie ihren Namen verdankt, ist das Haus – in seiner ökonomischen Funktion als Haushalt, den wir heute als Rechen- und Organisationsgröße als Haushalt oder *Account* kennen. Die Diskreditierung der *Oikonomika* als reine Hauswirtschaft oder Hausväterliteratur möchte ich hier zurückweisen, auch wenn diese Position in Moses Finley einen prominenten Vertreter hat, der auf den Einfluss der Oikonomiken des Aristoteles wie der des Xenophon auf die Renaissance hingewiesen hat.[10] Wie der Hausvater seinen *oikos* als Einheit von Familie, Bediensteten und Geschäft zum Ziel der Gewinnerwirtschaftung führt, ist das Anliegen des I. Buches der *Oikonomika.* Und wenn der Übertrag erlaubt ist, so wird doch der Unternehmer dieser Tage und auch der Manager, selbst der *Key Account Manager* das Ziel der Gewinnerwirtschaftung (*profitcenter*) verfolgen und dabei seinen Haushalt, seine Mitarbeiter und sein Geschäft im Auge haben.

10 Siehe Moses Finley: The Ancient Economy (Berkeley 1973). Gronemeyer spitzt diese Position weiter zu, wenn er behauptet, dass oikonomia die Hauswirtschaft und nur diese umfasst (M. Gronemeyer: Profitstreben als Tugend? 24). Zur weiteren Beschreibund der Hausväterliteratur siehe Bettina Emmerich: Geiz und Gerechtigkeit. Ökonomisches Denken im frühen Mittelalter (Wiesbaden 2004) 9. oder den Kommentar von Renate Zoepffel in der Oikonomika Studienausgabe im Akademieverlag.

In den Worten Aristoteles im I. Buch der *Oikonomika* wird das Haus folgendermaßen beschrieben:

> „Die Bestandteile des Hauses aber sind der Mensch und der Besitz. Da aber die Natur eines jeden Dinges zuerst in ihren kleinsten Einheiten betrachtet wird, wird es sich wohl auch bei dem Haus so verhalten. So dass nach Hesiod vorhandenen sein müssten „ganz als Erstes ein Haus und eine Frau". Denn jenes ist das Wichtigste für den Lebensunterhalt, diese (das Wichtigste) unter den Menschen" (Oik. I, 2).

Die Lesart von Haushalt über die Hauswirtschaft hinaus mag am historischen Beispiel der Lebenswelt des Aristoteles bemüht sein, aber die Bestandteile des operativen Prozesses sind nach wie vor entscheidend und ferner erfahren wir hier eine Begründung des *methodologischen Individualismus*, der die Disziplin der Wirtschaftswissenschaften maßgeblich konstituiert. Aristoteles lässt uns hier wissen, dass die Natur eines jeden Dinges zuerst in ihren kleinsten Einheiten betrachtet wird, wir also bei der Untersuchung der Staatsfinanzen und der Politik auf das Haus und seine Bewohner, sprich Akteure hingewiesen werden. Die Herleitung von Haus und Frau wiederum ergibt sich aus der Hauswirtschaft und Übertragungen sind hier weniger nahe liegend auf Ökonomie. Das Ziel der Gewinnerzielung ist für das Haus im privatwirtschaftlichen Sinne bedeutend wichtiger als für die kollektiven Akteure (siehe oben), so dass in der Umkehrung Aufgaben der Politik zu finden sind, die den Handlungsrahmen des Wirtschaftens bestimmen. Bei Aristoteles heißt es:

> „Aufgabe der Politik ist es aber, ein Gemeinwesen sowohl von Anfang an zu begründen, als auch von einem (bereits) vorhandenen den richtigen Gebrauch zu machen. Und deshalb ist es offenkundig, dass es auch Aufgabe der Oikonomik sein dürfte, einen Haushalt sowohl zu erwerben als auch zu gebrauchen" (Oik. I, 1.).

Wichtig ist hier der Hinweis auf die Organisationsform der Stadtstaaten, die je in einer einzelnen Polis zusammengefasst sind, die aus einzelnen Häusern der Bürger bestehen. Der Haushalt ist somit das Gefäß, in welchem die Familie mit ihren Bediensteten (damals auch noch Sklaven) wirtschaftlich und hier zumeist auch landwirtschaftlich tätig war. Das Gemeinwesen in Form der zu koordinierenden Interessen wiederum stellt den Rahmen, innerhalb dessen die verschiedenen Akteure ihren Handlungen nachgehen.

Die vielfältigen Fragen nach dem Primat zwischen Ökonomie und Politik beantwortet Aristoteles in der *Oikonomika* zugunsten der Oikonomik, ohne die und ohne deren Gewinnstreben die Polis nicht handlungsfähig wäre, die Politik hingegen wie beschrieben zur Begründung und zum Erhalt des Gemeinwesens zu verstehen ist.

> „Das, weswegen etwas existiert und entsteht, pflegt auch das Wesen dieses betreffenden Dings zu sein. Folglich ist es offensichtlich, dass die Oikonomik der Entstehung nach früher ist als die Politik, denn so ist es auch der Sache nach: Das Haus ist nämlich ein Teil der Stadt. Es soll nun die Oikonomik untersucht werden und was ihre (spezifische) Aufgabe ist" (Oik. I, 1).

Mit dem Hinweis auf die kleinste Einheit landet Aristoteles beim Haus und begründet dies mit dem Zusammenstehen mehrere Häuser, welche die *Polis* ergeben – dem Wort nach nichts anderes als die Vielen oder die Vielheit. *Politik* ist somit die der ökonomischen Existenz nachgelagerte Sphäre der Organisation einer Gemeinschaft ökonomisch und unternehmerisch tätiger Haushalte. Das Mehr der Politik baut folglich auf diesem Minimalkonsens einer Zweckgemeinschaft auf.

Ob sich diese Auffassung wiederum mit der Ethik des Aristoteles aus der *Nikomachischen Ethik* verträgt, wird hier nicht zu diskutieren sein. Festzuhalten ist das Primat des Ökonomischen in Form des Unternehmerischen, das uns Aristoteles im I. Buch der *Oikonomika* implizit vermittelt:

Beispiel I: Unternehmerisches Gemeinwesen zum Wohl der Gemeinschaft

Um den Stellenwert des Ökonomischen auch für das Gemeinwesen aus den aristotelischen *Oikonomika* zu belegen, werden im Folgenden zwei Beispiele angeführt, die die beiden Möglichkeiten eines unternehmerischen Gemeinwesens zum Wohl der Gemeinschaft und zum Nachteil des Gemeinwesens verdeutlichen. In beiden Fällen begegnen wir Herrschern, die im Angesicht knapper Kassen Einnahmequellen auftun, welche die bestehende Ordnung irritieren und auf der Autorität des Herrschers basieren. Im Hinblick auf die Perspektive des Unternehmerischen ist insbesondere die Konzeption des Gemeinwesens von Interesse, wie dieses unternehmerisch agieren kann: Dass das Gemeinwesen zum Akteur eigenen Rechts, auch im Ökonomischen werden kann, zeigt das II. Buch, in dem die Techniken beschreiben sind, mit denen sich Herrscher oder Stadtstaaten bei ökonomisch misslichen Lagen Mittel beschafft haben. Die Beispiele im II. Buch der *Oikonomika* verweisen mehrheitlich auf Stadtstaaten, die durch Aufstände und kriegerische

Auseinandersetzungen, Währungsverluste und Tempelveräußerungen gekennzeichnet sind[11].

So erfahren wir beispielsweise von Aufständen in Abydos und dem staatlich beschlossenen Darlehn, um die Erträge der anstehenden Saison zu ermöglichen:

> „Als in Abydos wegen eines Aufstandes das Land unbestellt geblieben war und die Metoiken ihnen nichts mehr vorstrecken wollten, weil sie ohnehin schon verschuldet waren, da fassten sie in der Volksversammlung folgenden Beschluss: Wer wolle, solle den Bauern Darlehen geben, damit diese das Land bestellen könnten, unter der Bedingung, dass diesen (neuen Gläubigern) zuerst die Rückzahlung (des Darlehns) aus der (neuen) Ernte zustehe, den anderen (alten Gläubigern) aber (nur) aus dem (dann verbleibenden) Rest" (Oik. II, 2, 18).

Das Unternehmerische der Gemeinschaft, so mag aus diesem Beispiel interpretiert werden, besteht weniger in der Defizitvermeidung, sondern in dem Umgang mit Defiziten, die wie im hier geschilderten Falle die Einkünfte der nächsten Ernte gefährden. Die kollektive Entscheidung der Volksversammlung, die an das Modell der direkten Demokratie erinnert, ermöglicht dem gesamten Stadtstaat die Realisierung der bis anhin unbestellten Felder durch die Darlehen, die von Bürgern der eigenen Polis finanziert werden. Im Gegenzug erhalten diese *Notbürgen* ein priorisiertes Tilgungsrecht, das in der Konsequenz die bestehenden (alten) Gläubiger unter Umständen benachteiligen kann, da diese nur den verbleibenden Rest der Erträge minus der Notdarlehn zur Tilgung erhalten können.

Wäre in dieser Wirtschaftsordnung eine rein privatwirtschaftliche Marktform gegeben, und wäre der Volksentscheid nicht durch die Volksversammlung getroffen, so wären die Felder, die als relativ sicherer Garant für Ernteerträge im Spätsommer stehen, unbestellt geblieben und nicht nur dass ein wirtschaftlicher Schaden entstanden wäre – die Bewohner der Polis hätten schlechterdings einen Mangel an Nahrungsmitteln hinnehmen müssen, was ihre Situation im Zustand der Aufstandes vermutlich weiter verschlechtert hätte. Insofern zeigt sich hier das Gemeinwesen in Form der entscheidenden Bürger in der Institution der Volksversammlung als unternehmerischer Akteur. Anders gesagt: Das Beispiel zeigt, dass Unternehmertum nicht nur auf Privathaushalte und

11 Dazu Peter Seele: Steuerhunger, Währungskrisen, Tempelveräußerungen – Die Oikonomika des (Pseudo-) Aristoteles in gegenwärtiger Perspektive, in: Alihan Kabalak/Ursula Pasero/Karen van den Berg (Hg.): Capitalism revisited – Anmerkungen zur Zukunft des Kapitalismus (Marburg 2010) 133–150.

privatwirtschaftliche Unternehmer bezogen ist, sondern dass Unternehmertum auch und gerade in kritischen Situationen vom Gemeinwesen als Kollektiv der Privathaushalte und aller in der Gemeinschaft Aufgenommener gefordert ist.

Das Beispiel zeigt eine positive Funktion eines unternehmerischen Gemeinwesens, wie in misslicher Lage das Blatt gewendet werden kann, bevor sich das Blatt wendet. Unternehmerisches Instrument dieser stabilisierenden und Unglück verhindernden Maßnahme war die Vergabe von Privatkrediten zur Ermöglichung anderenfalls verlorengegangener Erträge und verhinderter Nahrungsmittelbeschaffung. Hätten die (vermögenden) Haushalte nicht in die Darlehen investiert, also eigenes Risiko getragen, wäre mit einiger Wahrscheinlichkeit – wie Aristoteles die Situation schildert – das Vermögen der Polis wiewohl die Lebensgrundlage ihrer Bürger in Gefahr geraten.

Unternehmertum ist also keineswegs auf die Privatwirtschaft und Unternehmen reduziert, sondern Gemeinschaften politischer Zwecke sind ebenso – im Einklang mit der Privatwirtschaft, wie wir gesehen haben – aufgefordert, das kategorische Profitmotiv der Existenzsicherung zu beachten.

Abschließend und aufgrund der dürftigen Informationen, die uns Aristoteles in diesem Falle zur Verfügung stellt, möchte ich spekulieren, dass eine auch denkbare, rein privatwirtschaftliche Lösung der Verhinderung der Ernteausfälle durch Privatdarlehen negativere Folgen gehabt haben könnte: Da die Darlehensbestimmungen von der Volksversammlung (also durch die mündigen Bürger, nicht durch die gesamte Bevölkerung) getroffen wurde, möchte ich annehmen, dass die Zinsregeln auf Stabilität und Realisierung der Ernteerträge mitsamt einer Risikoprämie für die Geldgeber ausgestaltet gewesen sein dürften. Ein privatwirtschaftlich agierender Geldverleiher hätte womöglich, wie viele andere Beispiele bezeugen, die Notsituation durch eine durch die Not erzeugte Abhängigkeit in Form eines höheren Zinses oder eines Wucherzinssatzes ausgenutzt. In diesem Falle sind die Benachteiligten die alten Darlehnsgeber, von denen wir nicht wissen, ob die Restschuld ausfällt oder ob sie sich in die nächste Erntesaison verschiebt. Gesamthaft ist der Plan als unternehmerisch sowohl für die Privathaushalte als auch für die Gemeinschaft zu bewerten zum Vorteil aller im Angesicht eines drohenden Ausnahmezustandes. Ein gänzlich anderes Beispiel antiken Unternehmertums stellt uns Aristoteles im zweiten hier zur Sprache kommenden Beispiel vor.

Beispiel II: Unternehmerische Herrscher zum Nachteil des Gemeinwesens

Neben den sich selbst durch eine Volksversammlung verwaltenden Stadtstaaten lernen wir im II. Buch der *Oikonomika* eine Reihe von Beispielen autokratischer Herrscher und Tyrannen kennen, die in ihrer Funktion als Herrscher weniger dem Gemeinwohl als vielmehr dem eigenen Profitinteresse anhängen – durch und auf Kosten der Gemeinschaft. Dieser Zusatz ist wichtig, da der kategorische Profitiv, der oben anhand der einleitenden Theorieteile des II. Buches vorgestellt wurde, für private Haushalte als funktionaler Teil in der Gemeinschaft zu sehen ist. Wir erfahren also über den Herrscher Dionysios:

> „Dionysios bereiste die Heiligtümer, und wenn er dort einen Tisch aus Gold oder Silber aufgestellt sah, befahl er, dem Guten Daimon ein Trankopfer darzubringen, und ließ (den Tisch) wegnehmen. Wenn er aber ein Götterbild mit einer (Opfer-) Schale in der ausgestreckten Hand antraf, erklärte er, er nehme sie an und ließ sie wegnehmen, und die goldenen Gewänder und Kränze [...] nahm er von den Götterbildern, indem er sagte, er werde ihnen weniger beschwerliche und besser duftende geben. Und später ließ er ihnen weiße Gewänder und Levkojen-Kränze umlegen" (Oik. II, 2,41).

Wir erfahren nicht, ob das Herrschaftsgebiet unter akuter Mittelknappheit litt oder ob wir es mit der schlichten Bereicherungsmentalität eines Despoten zu tun haben. Ökonomisch von besonderer Auffälligkeit ist die Tatsache, dass wir es mit öffentlichen Gütern im Eigentum der Tempelgemeinschaft zu tun haben, es sich also im engeren Sinne nicht um investiertes, *arbeitendes* Kapital zu tun haben, das in einem weiteren Sinne als Tempeleigentum zur Nutzung in religiösen Ritualen zu verstehen ist, die wiederum einen eigenen Nutzen haben dürften, der symbolisch durch die Kostbarkeit der goldenen Tische, Opferschalen und Gewänder zum Ausdruck kommt.

Dionysios nutzt offenbar seine Machtstellung aus, um sich auf Kosten der Tempelgemeinschaft, die als öffentliche Gemeinschaft für die der jeweiligen Religion Angehörigen zu verstehen ist, zu bereichern. Er operiert innerhalb des religiösen Feldes oder Systems, indem er sich formal konform verhält durch das Trankopfer oder die Ankündigung, die schweren Gewänder durch bessere und leichtere zu ersetzen. Im Sinne des Profitmotivs sind seine Ausgaben, also das Trankopfer und die neuen Gewänder deutlich geringer als seine Einnahmen. Doch das Beispiel zeigt auf, dass ein alleiniges Profitmotiv nicht hinreicht, um die besondere Situation und Einkommensverhältnisse zwischen Herrscher und Bürgern als ausgeglichen zu erachten. Was dem Tempel als Gabe gegeben wurde, findet seinen Weg in die Schatulle des Herrschers ohne produktiv eingesetzt worden zu sein. Wir erfahren nicht, ob Dionysios nicht vielleicht Gemeinwesen fördernde Anliegen mit den Erträgen finanziert, was die freundliche Interpretation wäre, sollten die Tempelorganisationen zu Geld gekommen sein, das sich im Sinne der Gesellschaft besser für andere Zwecke wie dem oben beschriebenen Vermeiden einer Hungersnot verwendet werden könnte.

Da Aristoteles die Beispielfälle ausdrücklich in der theoretischen Einleitung als nützlich und lehrhaft beschreibt, geht er in der Wahl seiner Beispiele entweder unsystematisch vor, da die Steuer- und Söldnerbeispiele einem allgemeinen Verständnis nach nicht zwingend als wertvoll für die Gemeinschaft anzusehen sind. Wobei aus der historischen Distanz sich Schwierigkeiten auftun, was wie zu bewerten wäre. Im anderen Fall könnten die Beispiele verstanden werden als Exempel dafür, wie Herrscher in einer Welt der Zerwürfnisse und Söldnerkriege untereinander zerstrittener Stadtstaaten den Raum dafür bereitet haben, dass das griechische Machtzentrum der antiken Welt durch diesen Zustand allgemeiner Schwächung und Zerstörung von Griechenland zum römischen Reich verlagert wurde.

Fazit der Beispiele und das Risiko des Unternehmerischen

Beide Beispiele zeigen uns, inwieweit im antiken Griechenland also keineswegs eine rein agrarische Aristokratie[12] waltete, sondern wie im Handel und im Ausgleich zwischen Bürgern, Herrschern und Provinzen komplexe wirtschaftliche Vorgänge vermittelnd organisiert oder despotisch veranlasst wurden. Dabei wurden finanztechnische Instrumente wie temporäre Währungsentwertungen ebenso eingesetzt wie bürgerschaftliches Engagement und soziale Verantwortung von einzelnen. Konzepte und Strategien, wie sie uns heute begegnen unter den Namen *Corporate Social Responsibility, Social Entrepreneurship* oder *Public Management* sind

12 Das Argument einer „einer aristokratischen Mußegesellschaft, in der nur die nichtökonomischen Tätigkeiten – Wissenschaft und Politik, Theater, Spiel, Sport und Kunst – zählen, während den typischen „Arbeitsberufen", den Handwerkern und Tagelöhnern, sogar die Tugend abgesprochen wird" steht im Zweifel entgegen der Auffassung und Beispiele der Oikonomika. Vgl. Otfried Höffe: Aristoteles (München 2006) 199.

folglich in einer wohlwollenden Lesart keineswegs neu oder singulär, sondern offenbar Antworten auf Fragen, die sich auch zu anderen Zeiten an anderen Orten stellten. Das Unternehmerische dient hier als in einem basalen Sinne ethisches Prinzip, die Existenz auf der Grundlage erwirtschafteter Erträge auch für zukünftige Zeiten zu sichern durch Beschäftigung und durch Bereitstellung von Gütern und Dienstleistungen. Gleichzeitig stellt Unternehmertum im Sinne eines koinzidierenden Nutzen und Nachteils eine Gefahr zur Destabilisierung dar, die als Risiko der oder einer Gemeinschaft zu verstehen ist.

Der Unternehmer als der etwas Unternehmende ist also eine zweifach riskante Lebensform: Zum einen stellt das unternehmerische Handeln die eigenen Existenz ins Risiko durch den eigenen Konkurs oder durch selbstdestruktive Tendenzen. Zum anderen besteht dadurch das Risiko für die Gesellschaft, dass einzelne im Bestreben nach unternehmerischem Erfolg Risiken eingehen, die weitaus größer sind als die Konsequenzen für das verursachende Individuum. Insofern sind die auch von Aristoteles angeführten Beispiele des Staates als unternehmerischer Akteur durchaus kritisch zu lesen, da hier die Öffentlichkeit nicht als Erhalter der Ordnung in Erscheinung tritt, sondern als Verursacher der Stabilitätsgefährdung. Eine gegenwärtig erneut verhandelte Schuldenbremse für öffentliche Haushalte würde dieser ordnungsbewahrenden Funktion Rechnung tragen und die Schuldenanhäufung, wie sie im antiken Griechenland in zerstrittenen, maroden Stadtstaaten zutage trat, wäre so weniger stabilitätsgefährdend.

Ein solches Beispiel für den staatlichen Steuerhunger finden wir im II. Buch der *Oikonomika:*

> „Hippias von Athen bot die von den oberen Stockwerken der Häuser auf die öffentlichen Straßen hinausragenden Teile der Häuser sowie die Treppen und Erker und die Türen, die sich nach außen öffneten, zum Verkauf an. Das wurde nun alles von den Eigentümern der Häuser gekauft und so bekam er genügend Geld zusammen“ (Oik: II, 2.4.a).

Die Findigkeit, mit der hier der Steuerhunger eines Stadtstaates gestillt wird, darf in ihrer Originalität und kreativen Wertschöpfung als intertemporär verstanden werden. Die Qualität des Unternehmerischen, wie wir sie weiter oben für die Privathaushalte kennenlernen konnten, scheinen einmal mehr aus der Not heraus geboren zu sein, die Kasse zu füllen und dafür Steuern zu erheben, deren Legitimation sich durch die Differenz privat/öffentlich ergibt. Wir dürfen annehmen, dass sich die öffentlichen Räume von den Privatgrundstücken unterschieden und die

Grenze strikt einzuhalten war und die privaten Bauherren sich in den *Luftraum* des Öffentlichen vorgearbeitet haben, ohne öffentliches Grundstück zu berühren.

Die Wertschöpfung dieses im eigentlichen Sinne schwerlich unternehmerisch zu nennende Verhalten verdankt sich dem unklaren Umgang mit Eigentumsrechten, die als Grundvoraussetzung des Wirtschaftens in marktwirtschaftlichen Gesellschaften gelten. So wie sich die Hausbewohner in den öffentlichen Raum ausgebreitet haben, so enteignet der Herrscher die Privatbesitzer um diejenigen Teile, die seiner Auffassung nach die Eigentumsrechte des öffentlichen Raums durch den Bau in den Luftraum des öffentlichen Raums verletzen. Retour wird nun durch diese Enteignung eine Rückkaufsoption ermöglicht, die zu Einnahmen des Herrschers führt.

Der daraus möglicherweise entstehende Nachteil für das Gemeinwesen ist die Unberechenbarkeit dieser Maßnahme, da Liegenschaften, die auf privatem Grund gebaut wurden, teilenteignet werden und an die Eigentümer zurück verkauft werden. Die finanzielle Belastung hier mag den einen oder anderen in den Gesamtverkauf getrieben haben, da die Liquidität den Rückkauf der eigentlich als eigenes Eigentum verstandenen Gebäudeteile überstrapaziert haben könnte. Ferner könnte die Handlung destabilisierend und vertrauenssenkend wirken, wenn eigene Gebäude zurückgekauft werden (dürfen/müssen). Die Frage, was bei Nichtrückkauf passiert, bleibt uns Aristoteles in der *Oikonomika* schuldig.

Ende: Übertragbarkeiten?

Die Frage des Unternehmerischen war und ist angebunden an die Frage nach der Legitimität von Profit. Ist die philosophisch auch von Aristoteles in der *Politik* und in der *Nikomachischen Ethik* verbreitete Ansicht die des guten Lebens als Ziel des Handelns, so rangieren parallel zur Hochkultur hochstufiger Philosophie zwei Erkenntnisse, die sich aus der *Oikonomika* des Aristoteles ableiten lassen:

1. *Das Primat der Ökonomie über die Politik.* Um Missverständnisse zu vermeiden, ist hier keineswegs gemeint, dass es eine Ökonomie ohne Politik geben kann. Die Politik als Prozess der Vielheiten etabliert Rahmenbedingungen und partikulare Interessen durch einen Vermittlungsprozess und dient somit der Begründung und dem Erhalt des Gemeinwesens. Aristoteles zeigt allerdings in der Begründung zur

Verfassung der *Oikonomika* auf, dass die „Oikonomik der Entstehung nach früher ist als die Politik“ (Oik. I, 1). Politik leitet sich hier aus dem Modell des antiken Stadtstaates – der Polis – ab, deren Existenz nur dann gegeben ist, wenn die Mitglieder der Polis als die Vielheiten einen Nutzen aus der Polis ziehen. Mit anderen Worten: Es muss sich mehr lohnen, Teil der Polis zu sein, als ohne Gemeinwesen außerhalb einer ein Gemeinwesen konstituierenden Stadt zu leben. Politik wird so zu einer nutzenmaximierenden Funktion zur Verbesserung der Bedingungen ihrer Teilnehmer, deren Kohäsion in einem gemeinsamen *Surplus* besteht. Das *Mehr* der Politik baut folglich auf diesem Minimalkonsens einer Zweckgemeinschaft auf, deren Zusammenhalt ohne die Kohäsion nicht nachhaltig gewährleistet ist.

2. *Der kategorische Profitiv.* Um auch hier möglichen Missverständnissen vorzubeugen, ist darauf hinzuweisen, dass es sich bei dem kategorischen Profitiv keineswegs um eine Gierapologetik handelt, die im Sinne einer Profitmaximierung als Selbstzweck gesehen werden könnte. Vielmehr ist der kategorische Profitiv ein Hinweis auf die Notwendigkeit von Erträgen und die Anerkennung der Erwirtschaftung von Erträgen, die nach dem Primat der Ökonomie über die Politik, als basale und konstitutive Ebene von Politik und Kultur zu verstehen sind. Vielleicht ist es weniger als Erkenntnis sondern vielmehr als Anerkennung zu verstehen, wenn Aristoteles darauf hinweist, dass in allen Wirtschaftsarten, besonders aber bei den privaten, zentral beachtet werden muss, dass die Ausgaben nicht größer werden als die Einnahmen (Oik. II, 1.6). Die implizite Schulden-Entschuldigung der drei öffentlichen benannten Akteure Herrscher, Polis und Provinz mag eher dem Status quo der damaligen Verhältnisse geschuldet sein denn der Konsequenz des Arguments.[13]

Das Unternehmertum in dieser grundsätzlichen Funktion der Erwirtschaftung von Erträgen und der Vermeidung von Defiziten und Überschuldungen, sowohl für private wie für öffentliche Organisationen, stellt die existentielle Grundlage eines Gemeinwesens dar, welches wiederum die Grundvoraussetzung und Rahmenbedingungen für zukünftige Ertragserwirtschaftungen legt. Im antiken Griechenland wie heute leitet

13 Nicht zuletzt ist anzumerken, dass die Interpretation der aristotelischen Fragmente die Interpretation eines einzelnen Autors ist, die sich wiederum einem normativen Horizont verdanken. Insofern ist darauf hinzuweisen, dass die dargelegten Interpretationen neben ihrem *Sitz im Leben* der Antike auch ihren Sitz im Fokus des jeweiligen Autors haben.

sich deshalb die Feststellung ab, dass der Unternehmer und auch der angestellte Manager das Ziel der Gewinnerwirtschaftung und dabei insbesondere das der Defizitvermeidung verfolgen soll und dabei seinen Haushalt, seine Mitarbeiter und sein Geschäft im Auge hat und achtsam und anerkennend mit diesen seinen Mitteln haushaltet.[14] In der Erfüllung dieser Aufgabe wird nicht zuletzt eine ethische Aufgabe übernommen, die den Fortbestand der Lebensgrundlage ökonomisch begründeter Gesellschaften darstellt.

Die Alternative ist, wenn also doch und entgegen der Empfehlung Aristoteles' die Ausgaben größer werden als die Einnahmen (so lässt sich mit dem heideggerianisch überhöhten Ausruf des Deutsche Bank-Vorstandsvorsitzenden Josef Ackermann – „Ohne Gewinn ist alles nichts!“ – erkennen), dass die Basis einer operativen Tätigkeit im Sinne einer alle Mitglieder der Einzelhaushalte berücksichtigenden (nicht profitmaximierenden) Wertschöpfung zukünftig fehlt. Diese Wertschöpfung ermöglicht nicht zuletzt die Arena der Politik und damit den Erhalt eines um Ausgleich bemühten Gemeinwesens zur Teilhabe an gemeinsam besseren Bedingungen für die Zukunft.

Mit einem *Primat der Ökonomie* wäre also die existentielle Notwendigkeit für die Ökonomie gewonnen, aber ohne die ökonomischen Grundlagen in ihrem *haus*halterischen Sinne einer Defizitvermeidung und Ertragserwirtschaftung für die Vielen der Gemeinschaft wäre allerhand verloren.

14 So auch der allgemeine und in seiner Allgemeinheit triviale Schluss des 3. Buches der *Oikonomika*, in dem Aristoteles mit folgenden Worten endet: „Deshalb muss jeder, solange er lebt, sowohl innerhalb seines Hauses als auch in der Öffentlichkeit allen Göttern und Menschen die gebührende Achtung zollen, besonders seiner Frau und den Kindern und Eltern“ (Oik. III, 4).

Das Geld als Sklave

Matthias Gronemeyer

Eigentum, Geld und Kapitalismus bei Aristoteles. Was ist Geld?[1]

Die Philosophie braucht sich nicht sonderlich um Aktualität zu bemühen, wenn es ums Geld geht – zu ähnlich sind sich die Phänomene, die sich von der Antike bis in unsere Zeit beobachten lassen. Der „Blick aus der Ferne" (Lévi-Strauss), hier: das Heranziehen antiker Deutungen, mag insofern helfen, im Strudel des Aktuellen einen halbwegs sicheren Stand zu gewinnen. Dass vermögende Menschen ihr Geld beiseite schaffen, um es vorm Zugriff ihrer Polis zu schützen, war schon den Athener Finanzverwaltern des späten 4. Jahrhunderts ein Ärgernis und warf die Frage nach der Grenze zwischen rechtmäßigem (und damit zu schützendem) Eigentum und übermäßig zusammengerafftem Reichtum auf. Aristoteles illustriert seinen Standpunkt in der Debatte mit Äsop:

> Ein reicher Mann vergräbt seine Barschaft, die er nicht zum täglichen Leben braucht. Er wird dabei beobachtet und sein Schatz wird gestohlen. Als er sich bei einem Dritten über sein Schicksal beklagt, bekommt er zur Antwort: „Sei nicht traurig mein Freund, sondern nimm einen Stein und lege ihn an dieselbe Stelle und denk dir, das Gold liege da! Denn auch, als es noch da war, hast du es ja nicht gebraucht".[2]

Auf Geld, das du nicht gebrauchst, so lautet die Botschaft, kannst du keinen Besitzanspruch erheben. Diejenigen, die ihr Geld vor dem

---

1 Der Artikel gibt in überarbeiteter und zusammengefasster Form Positionen wieder, die der Autor in Profitstreben als Tugend (Marburg 2007) vertritt.

2 Äsop: Fabeln (gr./dt.) (Stuttgart 2005) 213. Millett erzählt die Geschichte in einer Abwandlung des Sophisten Antiphon: Der Dritte hatte den Reichen vorher um einen Kredit (gegen Zinsen) gebeten und der Reiche ärgert sich nun, dass er diesem Wunsch nicht nachgekommen ist, da die Forderung gegen den Schuldner ihm nicht hätte genommen werden können (Paul Millett: Lending and borrowing in ancient Athens (Cambridge 1991) 160). Es war üblich, dass wohlhabende Athener ihr Geld gern verliehen, weil es so „unsichtbar" (*aphanes*) wurde und vorm Zugriff des Staates (oder in diesem Falle: eines Diebes) sicher war.

deutschen Fiskus in der Schweiz vergraben haben und nun im Zuge drohender Aufdeckung zur Selbstanzeige schreiten, mögen sich also nicht grämen. Es geht hier aber nicht nur um einen privaten Verlust, um den Schaden eines *Idioten*, sondern grundsätzlicher um die Frage, welche soziale Funktion Geld und Eigentum haben. Das ist, im Kern, das Projekt des Aristoteles.

Was bedeutet nun Geld (*nomisma*) für Aristoteles? Folgen wir seiner Genealogie des Wirtschaftens in *Politik* I, 8 u. 9[3], dann ist es, dem menschlichen Genius sei dank, schlicht als Medium zur Erleichterung des zunehmenden Tauschhandels eingeführt worden:

> Als nämlich die gegenseitige Hilfestellung immer mehr fremdbezogen geworden war dadurch, dass man einführte, woran man Mangel hatte, und ausführte, woran es einen Überschuß gab, da wurde notwendigerweise der Geldverkehr geschaffen (1257a32).[4]

Geld ist das Schmiermittel für den Handel, es ist, wie Aristoteles in *Nikomachische Ethik* V 8, 1133b10 feststellt[5], „uns das Geld gleichsam ein Garant, dass der Austausch im Bedarfsfall immer stattfinden wird, auch wenn im Augenblick nichts vonnöten ist." Man habe zunächst, fährt Aristoteles in *Pol.* I, 9 dann fort, Edelmetalle nach Gewicht benutzt und alsbald dann die Münzprägung eingeführt, die das Wiegen entbehrlich machte. Diese Darstellung ist historisch richtig, aber lückenhaft. Aristoteles übergeht nämlich eine Erscheinung, die ihm sicherlich bekannt gewesen war, nämlich das sogenannte Naturalgeld. Rinder, oder auch Schafe und Ziegen als Zahlungsmittel zu benutzen, war eine verbreitete Erscheinung der Frühzeit.[6] Diese Lücke kann eine Nachlässigkeit sein, sie

---

3 Aristoteles: Politik, dt. von Franz F. Schwarz (Stuttgart 1989).

4 Schütrumpf (Eckart Sch.: Aristoteles – Politik Buch I (Darmstadt 1991) 332 ff. u. 338) liest aus dieser Passage, dass das Geld insbesondere eingeführt wurde, um den Fernhandel zu erleichtern. Das lässt sich historisch nicht belegen (das erste Münzgeld bei den Lydern war eine lokale Währung und wurde zur Entlohnung der Soldaten benutzt) und ist auch insofern unwahrscheinlich, als vielerorts zu Aristoteles' Zeiten noch Tauschhandel betrieben wurde.

Der Begriff *boetheia* („Hilfestellung") unterstreicht noch einmal den Ursprung des Tausches in Gabe und Gegengabe.

5 Aristoteles: Nikomachische Ethik, dt. von Franz Dirlmeier (Stuttgart 1969).

6 Vgl. Adam Smith: Der Wohlstand der Nationen (München 1978) 23: „In der Frühzeit der Menschheit soll das Vieh das übliche Tauschmittel gewesen sein, obwohl es dafür schlecht geeignet ist. [...] Wie Homer berichtet, kostete die Rüstung Diomeds nur neun Ochsen, die des Glaukus dagegen hundert. [...] Am Ende haben aber dann die Menschen in allen Ländern aus vernünftigen Gründen Metalle als Tauschmittel allen anderen Waren vorgezogen."

kann aber auch bewusst entstanden sein, weil Aristoteles dem Vieh als Valuta vermutlich den Geldcharakter abgesprochen hätte. Er sieht Geld eben nicht nur als historisches Phänomen sondern auch „als ethisches Problem" (Schütrumpf), weil es das widernatürliche Kapitalerwerbswesen quasi im Schlepptau mit sich bringt. Eine allzu große Nähe des Münzgeldes zum Naturalgeld hätte seine Differenzierung zwischen „naturgemäß" und „widernatürlich" nicht gerade erleichtert, denn natürlich wurden auch in archaischer Zeit über das Lebensnotwendige hinaus von den Fürsten große Reichtümer aufgehäuft.

Aristoteles' bekannte Unterscheidung zwischen „natürlicher" und „widernatürlicher" Wirtschaft lässt sich gut anhand einer Analyse über Herkunft und Entstehung des Erworbenen erläutern, insbesondere anhand der Wandlung des Geldes vom Tausch- zum Produktionsmittel. In der Formel G – W – G' tritt die aus der Natur heraus produzierte Ware (seien es nun direkt Feldfrüchte oder ein weiterverarbeitetes Produkt wie der Schuh) zunächst in den Hintergrund, um dann im Zinsgeschäft (G – G') gänzlich zu verschwinden. Das Unnatürliche ist daran eben, dass die Vermehrung des Geldes von der natürlichen Fertilität abgekoppelt wird und nun aus sich selbst heraus geschieht: „Denn zum Geld kam es um des Umsetzens (*metabole*) willen, der Zins (*tokos*) jedoch vermehrt dieses selbst. Daher hat der ‚Zins' auch seinen Namen bekommen. Ähnlich ist nämlich das Geborene selber dem Gebärenden, und so bedeutet der Zins Geld vom Geld" (1258b4 f.).[7] Was Geld aber seiner Substanz nach ist, bleibt bei Aristoteles unklar: Ist es selbst Ware, also ein „natürliches Ding" (Definition 1)[8], oder ist es ein abstraktes Artefakt (Definition 2)? Die zwei Stellen in *NE* V und *Pol.* I, die diese Frage behandeln, sind widersprüchlich: In der *Politik* heißt es, Geld sei „was selber als natürliches Ding im Hinblick auf das Leben über gut handhabbaren Nutzen verfügte" (1257a36); in der *Nikomachischen Ethik* urteilt Aristoteles dagegen, das Geld trage „den Namen ‚Geld' (*nomisma*), weil es sein Dasein nicht der

7 *tokos* heißt eigentlich „Nachkommenschaft" oder auch „Niederkunft", die Bedeutung „Zins" hat es also erst später bekommen. Darin drückt sich eine Perspektive auf das Zinsphänomen aus, die dem lateinischen *census* (der sprachlichen Wurzel für „Zins") deutlich entgegensteht: Das Griechische sieht den Ertrag, während das Lateinische die Abgabe betont.

8 Die Übersetzung „natürliches Ding" ist bei Schwarz etwas unglücklich. Die Übersetzung von *chresimos on* als „nutzbares Ding" bei Susemihl trifft die Sache besser und tut der hier zu treffenden Unterscheidung keinen Abbruch. Im Gegenteil, „nutzbar" unterstreicht den Charakter eines Gebrauchsgegenstandes, den das Geld in seinen Anfängen sicherlich hatte.

Natur verdankt, sondern weil man es als ‚*geltend*' gesetzt (*nomos*) hat und es bei uns steht, ob wir es ändern oder außer Kurs setzen wollen" (1133a30).[9] Definition 1 entspricht dem Verständnis von Geld, das wir bei Smith und Marx finden: Geld ist eine Ware, die selbst einen Gebrauchswert besitzt und in einem zweiten Schritt per gesellschaftlicher Übereinkunft zur allgemeinen Äquivalentform deklariert wird.[10] Man wählt Eisen, Silber oder Gold, hätte aber genauso gut Rinder oder Tontöpfe wählen können – ausschlaggebend für die Wahl sind allein Gründe der Praktikabilität. Diese Definition des Geldes nennt man *Metallismus* (selbst wenn das Geld nicht aus Metall ist; man hat hier der Einfachheit halber diesen Oberbegriff gewählt). Wäre diese Definition aber richtig, stieße Aristoteles allerdings auf ein Problem: zwischen W – G – W und G – W – G, selbst zwischen W – W und G – G gäbe es keinen Unterschied mehr und seine Deklaration des einen als naturgemäß und des anderen als widernatürlich wäre hinfällig. Als Gebrauchswert hätte das Geld dann auch wieder ein Ziel außerhalb seiner selbst, nämlich als unmittelbares Mittel zum guten Leben, und als Ware wäre es einer prinzipiellen Begrenztheit unterworfen. Mit dem Scheitern der physikalischen Unterscheidung wäre zudem die ethische Bewertung, die Aristoteles daraus ableitet, hinfällig und er hätte aus der Analyse in den Kapiteln 8 bis 11 der *Politik* nichts gewonnen.[11] Die zweite – entgegengesetzte – Definition, dass das Geld also seinen Wert nicht durch einen intrinsischen Gebrauchswert erhält, sondern ihn bloßer Übereinkunft verdankt (*Cartalismus*), scheint vor diesem Hintergrund plausibler. Da sich Aristoteles' Stellung zum Geldphänomen aus seinen gegebenen Definitionen heraus allein nicht klären lässt, können wohl in der Tat nur Plausibilitätsgründe in Anschlag gebracht werden. Man könne, so Schumpeter, *theoretischer* Cartalist sein, aus Mangel an Vertrauen in die Einlösbarkeit rein nominalen Geldes aber zum *praktischen* Metallisten werden. Die historische Faktenlage stützt diese These: Neben der attischen Silberdrachme, dem persischen Gold-Dareikos und dem phrygischen Elektron[12]-Stater, die allgemein als konvertible Valuta anerkannt

9 Die Möglichkeit der Veränderbarkeit deutet darauf hin, dass Geld eine staatliche Institution und Bestandteil des positiven Rechts ist, welches – im Gegensatz zum Naturrecht – veränderbar ist. Dies macht auch noch einmal den unnatürlichen Charakter des Geldes deutlich.

10 S. Karl Marx: Kapital I (Köln 2003) 82 u. 95 ff.

11 Dieser Punkt wird auch von Meikle deutlich gemacht (Scott M.: Aristotle's Economic Thought (Oxford/Cambridge 1995) 88 u. 95 f).

12 Elektron = Weißgold.

waren[13], gab es unzählige lokale Währungen, zum Teil aus minderwertigen Metallen.[14] Dies würde auch erklären, dass Aristoteles einerseits Solon widerspricht (1256b32), was die Grenzen des Reichtums betrifft, andererseits aber selbst behauptet, dass die Geldvermehrung unbegrenzt sei (1257b24).[15]

Ich neige daher dazu, Aristoteles eher als Cartalisten zu sehen, weil dies besser in das Konzept seiner Analyse hineinpasst. Die Abkopplung des Geldzuwachses von der natürlichen Fertilität ist für einen Cartalisten leichter und Aristoteles' Charakterisierung von G – G' als „widernatürlich" besser zu verstehen. Damit ist zugleich die Definition von Unnatürlichkeit in einer weiteren Hinsicht, nämlich in bezug auf die Grenzen des Erwerbens, geklärt: Es gibt sie nicht – theoretisch ist grenzenloses Wachstum möglich. Dass Geld Geld erzeugt – und zwar mehr als vorher vorhanden war –, widerspricht zudem Aristoteles' Charakterisierung der Natur, die er in der *Physik* gibt: „Natur ist ein Prinzip der Bewegung und der Veränderung", heißt es dort (III 1, 200b12);[16] ein Hinzufügen ist insofern von der Natur nicht vorgesehen. Widernatürlich ist die *kapelike* im Vergleich zur *ktetike* also dadurch, dass sie keine Grenzen kennt (1257b24). Immerhin aber akzeptiert Aristoteles die Geldvermehrung als Phänomen, und seine Charakterisierung dieses Phänomens als widernatürlich bewahrt ihn davor, in der Ökonomie nach naturgesetzlicher Kausalität zu suchen, die es dort nicht gibt. Dies unterscheidet ihn grundlegend von Smith, Marx und vielen heutigen Boulevard-Ökonomen und – muss man hinzufügen – gereicht ihm deutlich zum Vorteil.[17]

13 S. Lionel Casson: Ancient Trade and Society (Detroit 1984) 32. Xenophon beschreibt die Vorzüge der attischen Währung so: „In Athen aber kann man zwar sehr viele Güter im Austausch ausführen, die die Menschen brauchen; wenn sie aber keine Rückfracht nehmen wollen, so führen auch diejenigen, die das (attische) Silbergeld ausführen, eine gute Ware aus. Denn wo sie es auch immer verkaufen, überall nehmen sie dafür mehr ein als den Einsatz" (*Poroi* 3, 2, in: Xenophon: Ökonomische Schriften (gr./dt.), übersetzt und kommentiert von Gert Audring (Berlin 1992)).

14 S. Edward E. Cohen: Athenian economy and society: a banking perspective (Princeton 1992) 19.

15 Und zwar *nur* der Reichtum an Geld ist grenzenlos, nicht etwa auch der Besitz von Grund und Boden, wie Schütrumpf (a a.O. 317) meint. Auch der Grundbesitz der Oligarchen, der durch die solonische Bodenreform unter den Bürgern aufgeteilt wurde hatte natürlich(!) seine Grenzen.

16 Aristoteles: Physik, dt. von Hans G. Zekl (Hamburg 1987).

17 Karl-Heinz Brodbeck: Die fragwürdigen Grundlagen der Ökonomie (Darmstadt 1998) 167 f., weist deutlich auf diesen Irrtum der klassischen Ökonomie hin, die

Das Streben nach Profit

Was sich Aristoteles aber nicht erklären kann, ist der Umstand, dass alles nach Geld strebt, obwohl es keinen Warencharakter hat und kann sich nur damit aushelfen, dass es wohl um der Erlangung körperlicher Genüsse willen getan werde (1258a6 ff.):

> Weil nämlich der Genuß (*apolausis*) im Übermaß (*hyperbole*) liegt, suchen die Leute die Kunst, die das genußhörige Übermaß erwirkt. Und falls sie nicht in der Lage sind, dies durch das Kapitalerwerbswesen herbeizuschaffen, versuchen sie es unter Zuhilfenahme eines anderen Verfahrens, wobei sie von jeder Fertigkeit Gebrauch machen, allerdings nicht im Einklang mit der Natur.

Damit rückt er aber von der physikalischen Analyse der verschiedenen Arten des Erwerbens ab und begibt sich in eine ethische. Welche „anderen Verfahren" er meint, erschließt sich aus der anschließend folgenden Feststellung, es sei „nicht Sache der Tapferkeit, Geldmittel (*chremata*) zu bewirken" (1258a10), sondern, könnte man ergänzen, in einem gerechten Krieg mutig Schlachten zu schlagen. Gleiches gelte für die Heilkunst, deren Ziel die Gesundheit des Patienten und nicht das Honorar des Arztes sei. Der Betrachtungswinkel, unter dem die Analyse des Erwerbsstrebens stattfindet, wird von Aristoteles hier vom quantitativen Aspekt auf das grundsätzliche Handlungsziel verlagert. Die Frage ist nicht mehr: Wie viel?, sondern: Was tue ich wozu? Die beiden Beispiele wirken in diesem Zusammenhang aber willkürlich, denn wenn er neben den Feldherrn und den Arzt noch den Beruf des Kaufmanns stellte, dann wäre die Geldvermehrung plötzlich doch ein legitimes Ziel. Den *emporos* unterschlägt Aristoteles hier, obwohl der, bevor er an die eigene Tasche denken konnte, zunächst einmal die Zinsen für seine Gläubiger zusammenverdienen musste. Er gleicht dem modernen Manager, der seinen Aktionären verpflichtet ist. Dass ein ganzer Berufsstand hier ausgeklammert und pauschal moralisch abgewertet wird, kann weder aus Unkenntnis noch aus Nachlässigkeit geschehen sein. Aristoteles sucht vielmehr deutlich zu machen, dass die Wirtschaft in seinen Augen kein Selbstzweck ist. Die Feststellung, dass der „Grund für diese Gesinnung [nämlich des Gewinnstrebens; MG]" die „emsige Bemühung um das Leben, doch nicht um das gute Leben" sei (1257b41 f.), kann man nur dahingehend lesen, dass Geldvermehrung an sich einfach kein Endziel

---

nur produktive Arbeit gelten lässt, also solche, die wie die Natur selbst verfährt, d. h. „nur die Formen der Stoffe" verändert (Marx, *Kapital* I, 57).

sein kann – geschäftliche Verpflichtungen hin oder her: Der Schuldner ist bloß Komplize des Gläubigers. Dies wird um so verständlicher, wenn wir uns in Erinnerung rufen, dass Aristoteles den Tauschhandel nicht aus der Annahme einer a priori existierenden *rational choice* des homo oeconomicus entwickelt, sondern aus Gabe und Gegengabe innerhalb der *koinonia*. In *NE* X zeigt Aristoteles, dass die Lust nichts Grenzenloses ist, wie einige behaupten (1173a). Die Geldvermehrung um der Lustvermehrung willen wird damit unvernünftig, weil sie einem Trugschluss aufsitzt. Wenn alles nur noch um des Tauschwertes willen getan wird, tritt eine völlige Beliebigkeit ein und der Zusammenhalt der Gesellschaft wird damit gefährdet.

Was Aristoteles fehlt, ist der Begriff davon, dass Geld nicht nur Tausch- sondern auch Produktionsmittel sein kann und in seiner Funktion als letzteres seinen Warencharakter zurückgewinnt. Auch das Phänomen der Unbegrenztheit wird von Aristoteles bloß festgestellt, ohne die Bedingungen der Möglichkeit (scheinbar) unbegrenzten Wachstums näher zu untersuchen, er sucht lediglich einige Analogien der Unbegrenztheit in anderen Künsten (z. B. der Heilkunst), um dann gleich auf die Gefahren dieser Unbegrenztheit und die menschliche Gier, die sich hieran abarbeitet, zu sprechen zu kommen (1257b25–34). Dass bei dieser Form des Kapitalerwerbs die Gier unschöne Blüten treiben kann und man unter Umständen mehr akkumuliert, als man sinnvoll für sich und die Seinen verbrauchen kann, kann aber auch über andere Güter und Erwerbsarten (z.B. Seeräuberei, Eroberungskriege) ausgesagt werden. Kapitalbildung ist etwas anderes als Schatzbildung: Kapital kann reinvestiert werden und auf diesem Weg seine Produktivkraft entfalten, Schatzbildung bedeutet nach Marx indes „die Leidenschaft, das Produkt der ersten Metamorphose, die verwandelte Gestalt der Ware oder ihre Goldpuppe festzuhalten" (*Kapital* I, 135). Und Marx weiß auch, wo das Phänomen der Schatzbildung zu verorten ist: „bei Völkern, wo der überlieferten und auf Selbstbedarf gerichteten Produktionsweise ein fest abgeschlossener Kreis von Bedürfnissen entspricht" (ibd.). In *NE* V nimmt Aristoteles eine deutlich zeitgemäßere Haltung zu Geld und Handel ein: Wie bereits erwähnt, sieht er Geld hier als Garant für die Bedürfnisbefriedigung durch Handel und „so wird es immer Austausch geben und durch ihn Gemeinschaft" (1133b15).

Entstehung des Eigentums

Wie kommt es nun zu Eigentum? In der *Politik* erfolgt eine Rechtfertigung des Privatbesitzes aus dem immer mitgedachten Konzept des gelingenden Lebens heraus (*agathe zoe*), die *Rhetorik* liefert eine Definition davon, was überhaupt Eigentum sei[18]. Beginnen wir mit dem letzten Punkt: In *Rhetorik* I 5, 7, 1361a gibt Aristoteles eine Definition davon, was es bedeutet, reich zu sein. Neben einer quantitativen Bestimmung – dass man eben viel besitzen muss, gibt er eine qualitative Bestimmung, die sich auf drei Kriterien bezieht: Der Besitz (*ktesis, ktemata*)[19] muss nützlich (*chresimos*), gesichert (*asphales*) und Eigentum (*oikeia*) sein. Das Kriterium der Gesichertheit besagt, dass man die (physische) Verfügungsgewalt über das betreffende Gut besitzen muss, das Kriterium des Eigentums bezeichnet einen Rechtstitel, der zur Veräußerung (Schenkung oder Verkauf) berechtigt – womit die beiden Begriffe *Besitz* und *Eigentum* auch deutlich von einander geschieden sind: „Die Definition der Gesichertheit besagt, dass man seinen Besitz an einem Ort und auf die Weise hat, dass sein Gebrauch gemäß unserem Willen erfolgt. Die Definition des Eigentums bzw. Nicht-Eigentums legt dar, ob es durch uns veräußert (*apallotrioein*) werden kann oder nicht; Veräußerung aber nenne ich Schenkung (*dosis*) oder Verkauf (*prasis*)." Die hier zitierte Stelle widerlegt die verbreitete Einschätzung, dass Aristoteles die wirtschaftliche Bedeutung des Eigentums als eines Rechtstitels dunkel geblieben sei. Für *Eigentum* wird von Aristoteles nämlich *oikeia* verwendet und nicht etwa *ktéma*, was eigentlich „Besitz" bedeutet. Dass Aristoteles selbst mit den Begriffen an anderer Stelle etwas nachlässig umgeht, wie die folgende berühmte Stelle aus der *Politik* zeigt, kann die klare Definition der *Rhetorik* nicht beeinträchtigen:

> […] für jedes Besitztum (*ktema*) gibt es eine zweifache Benützungsart, beide Male dreht es sich um das Besitztum an sich, doch nicht in gleicher Weise an sich, sondern die eine Benützungsart ist die dem Ding eigentümliche, die andere aber die dem Ding nicht eigentümliche, wie etwa das Anziehen des Schuhs und noch der Tauschhandel mit ihm (1257a6–8).

Um den Schuh tauschen, oder gar einem Geschäftspartner *verkaufen* zu können, muss er natürlich Eigentum sein und nicht bloß Besitz. Gerade

18 Aristoteles: Rhetorik, dt. von Franz G. Sieveke (München 1980).

19 Alternativ wird für „Besitz" auch oft *chremata* benutzt, z.B. *Pol.* I, 8, 1256a16. Allerdings sind *chremata* eher „Mittel", auch „Geld", also bewegliche Sachen; ein Landgut ist immer *ktesis*.

Handelsgeschäfte, bei denen der Hersteller einer Ware nicht selbst reist, sondern die Distribution einem Händler überlässt, sind ohne Trennung von Besitz und Eigentum gar nicht denkbar. Da Aristoteles hier aber auf die Unterscheidung von Gebrauchs- und Tauschwert abzielt, und dies zudem in einer Weise tut, die sich eher an ein breiteres Publikum richtet, kann die Unschärfe hier als lässliche Sünde betrachtet werden.

Wichtig in diesem Zusammenhang ist die Frage nach der Rechtmäßigkeit des ursprünglichen Erwerbs. Wie ist es überhaupt zu Besitz und Eigentum gekommen? Aristoteles unterscheidet in *Pol.* I, 3 zwei Bereiche des Besitzens und Erwerbens: Den ersten könnte man mit Kant das „auf dingliche Art persönliche Recht" nennen[20], er umfasst das Herrenrecht, das Eherecht und das Elternrecht. Der zweite betrifft das Sachenrecht, also den Besitz und Erwerb von unbelebten Gegenständen, Immobilien und Tieren. Aristoteles führt dabei das Besitzrecht über die Naturgemäßheit der Lebenserhaltung ein: Indem er zuerst den Haushalt (*oikos*) als kleinste natürliche Bedarfsdeckungsgemeinschaft charakterisiert (1252b10 ff.), kommt dem Haushalt in einem zweiten Schritt das zum (guten) Leben Notwendige naturgemäß als Besitz zu (1254b23 f.). Wo kommen nun aber diese zum Leben notwendigen Güter her, wenn sie nicht von jemand anderem erworben (eingetauscht oder gekauft) werden? Aristoteles selbst bleibt in der Beantwortung dieser Frage vage, er verweist lediglich darauf, dass von Natur aus für alle Menschen genug zum Leben vorhanden sei. Das Problem des ursprünglichen Bodenerwerbs wird von ihm nicht thematisiert. Wahrscheinlich war ihm die Geschichte der Besiedelung des griechischen Festlandes, wie sie von Thukydides in groben Zügen beschrieben wird, bekannt – gerade in den Anfängen, die Aristoteles hier zu schildern meint, kann von einer hinreichenden natürlichen Ausstattung *für alle* aber nicht die Rede sein; die Zeit war vielmehr von andauernden Verteilungskämpfen gekennzeichnet, bei denen es allein um die Grundausstattung mit dem zum Leben nötigen ging. Überschüsse wurden nicht produziert, wie Thukydides (I, 2)[21] zu berichten weiß. Offen bleibt auch, woher er in diesem Zusammenhang die Existenzberechtigung des Menschen an sich nimmt. Die Rechtfertigung von Existenz und den dazu notwendigen Gütern ließe sich zwar aus der Aristotelischen Auffassung gewinnen, dass das, was von Natur aus ist, auch immer ein Ziel (*telos*) hat – „denn nichts [...] schafft die Natur vergeblich" heißt es in

---

20 Immanuel Kant: Metaphysik der Sitten (Frankfurt a.M. 1993): Metaphysische Anfangsgründe der Rechtslehre, 2. Hauptstück, 3. Abschnitt.

21 Thukydides: Der Peloponnesische Krieg (Stuttgart 2000).

*Pol.*I, 2, 1253a9 und die Verwirklichung dieses Zieles an Eigentum und Besitz geknüpft ist, „denn so wird der Mensch am vollständigsten befriedigt sein, wenn er die ihm persönlich anhaftenden und die äußeren Güter besitzt" (*Rhetorik*, I, 5, 3), aber damit sitzt man eben leicht dem teleologischen Irrtum auf, der Finalität und Kausalität verwechselt. Dies gilt natürlich um so mehr für die eudaimonistische Rechtfertigung von Wohlhabenheit, die Besitz- und Eigentumsrechte vollständig vom historischen Prozess abgekoppelt betrachtet. Es hilft auch nichts, die Besitz-/Eigentumsfrage an den Entwurf der besten Staatsverfassung zu koppeln, denn damit verschiebt sich das Problem nicht nur, die Rechtfertigung von Besitz bzw. Eigentum wird damit auch zunehmend partikularistisch. Aristoteles selbst unternimmt in *NE* IX, 9 den Versuch einer Begründung des Lebens als Wert an sich: „Das Dasein aber galt uns als Gegenstand der Wahl, weil wir das Bewusstsein des eigenen Wertes (*agathos*) hatten, und ein solches Bewusstsein ist lustvoll an sich" (1170b7). Das ist sicherlich schon eine bessere Begründung als der bloße Hinweis, dass alle nach dem Leben strebten und es deshalb wohl einen Wert an sich haben müsse. Man könnte mit Aristoteles nun so argumentieren, dass ein Leben, das sich seines eigenen Wertes bewusst ist, besser ist als ein unbewusstes, das reflexive Selbstbewusstsein aber etwas spezifisch Menschliches ist. Es ist für den Menschen als Menschen daher besser, zu sein als nicht zu sein.

Bleibt die Frage nach der Rechtmäßigkeit des ursprünglichen Bodenerwerbs. Auch hier stoßen wir wieder auf die Schwierigkeit, historische und logische Entwicklung, Finalität und Kausalität trennen zu müssen. Aristoteles geht zwar davon aus, dass der Entwicklung des Menschen vom primitiven Jäger und Sammler zum sesshaften Ackerbauern eine gewisse Notwendigkeit innewohne, allein aus dem Telos des (guten) Lebens lässt sich der Bodenbesitz aber noch nicht rechtfertigen, solange die geforderte Selbstgenügsamkeit auch auf anderem Wege zu erreichen ist. Zudem ist der Eigentumsbegriff bei Aristoteles nicht so logisch ausdifferenziert, dass Boden als primäre Erwerbung allen weiteren Erwerbungen vorausgesetzt werden müsste (wie dies bei Kant geschieht[22]): Immerhin sieht er in Raubzügen und Piraterie auch eine Art natürlicher Erwerbskunst (*Pol.* I, 8, 1256b22). Man könnte hinter dieser Unbestimmtheit bezüglich Bodenerwerb und Bodenbesitz allerdings auch die Haltung vermuten, dass es für Aristoteles unerheblich ist, ob jemand Eigentum an Boden hat oder dieser jenem bloß gegen Pacht oder Grundrente überlassen worden ist. Für Locke und Kant war diese Frage

22 *Rechtslehre*, a.a.O. § 12.

drängend – in unserer gegenwärtigen Zeit hingegen, in der Eigentums- und Verteilungsfragen nicht mehr auf der Basis von Naturrechtstheorien debattiert werden, scheint es wenig fruchtvoll, an Aristoteles die Frage heranzutragen, ob und inwieweit ein natürliches Bodenbesitzrecht mit seiner Naturrechtslehre vereinbar ist.

Schließlich liefert Aristoteles in *Pol.* II, 5 noch eine Rechtfertigung des Privateigentums, die aus der Auseinandersetzung mit Platons Forderung nach vollständiger Vergesellschaftung aller Besitztümer in der *Politeia* erfolgt. Zwei Überlegungen sprechen nach Aristoteles dabei für das Privateigentum: Zum einen könne die Tugend der Freigebigkeit nur auf der Basis von Privateigentum ausgeübt werden, zum anderen führe Vergesellschaftung zu Unstimmigkeiten bezüglich der gerechten Verteilung der Erträge. Ich beginne mit dem letzteren Punkt, weil er unproblematischer und für uns geläufiger ist. Aristoteles schreibt: „Denn weil in den Genüssen und in den Arbeiten nicht alle gleich sind, sondern vielmehr ungleich, ergeben sich notwendigerweise Anklagen bei denen, die weniger erhalten, doch mehr arbeiten, denen gegenüber, die genießen oder viel erhalten, aber wenig arbeiten" (1263a11 ff.). Wir haben es hier also mit dem klassischen Trittbrettfahrer-Syndrom zu tun: In dem Moment, wo die Ertragsverteilung vom persönlichen Einsatz abgekoppelt wird, kommt es zu Mitnahmeeffekten und der Anreiz, sich zu engagieren sinkt. Aristoteles sieht auch keine Möglichkeit, dieses Problem durch verbindliche Regelungen in den Griff zu bekommen, „da wir ja sehen, dass diejenigen, die über gemeinsamen Besitz verfügen und ihn gemeinsam verwalten, um vieles mehr unterschiedlicher Auffassung sind als diejenigen, die ihre Habe getrennt für sich besitzen" (1263b23). Man geht sicherlich nicht zu weit, wenn man die Stelle dahingehend interpretiert, dass vergesellschafteter Besitz unproduktiver ist als privater.[23]

Die zweite Begründung, die hier für das Privateigentum gegeben wird, mag uns etwas befremdlich erscheinen, ist aber typisch für das Aristotelische Denken: „Aber es bedeutet auch größte Freude, Freunden, Gastfreunden und Gefährten einen Gefallen zu tun oder ihnen zu helfen. Doch das geht nur, wenn es Privatbesitz gibt (*ktesis idios*)" (1263b5). Und weiter: „[...] denn in der Nutzung des Besitzes ist ja gerade das Werk der Freigebigkeit gelegen" (1263b13). Das utilitaristische Nutzenargument, das für den Privatbesitz spricht, wird hier also gleich wieder sozial eingefangen, indem ihm der Satz „Eigentum verpflichtet" zur Seite gestellt

23 Vergl. Peter Koslowski: Politik und Ökonomie bei Aristoteles (Tübingen 1993) 39 f.

wird. Hier wird deutlich, wie sehr Aristoteles zwar einerseits den Selbstheilungskräften des Marktes misstraut, andererseits aber auch sieht, wie wenig sich ein Kommunismus à la Platon dafür als Lösung anbietet: Beides ist sehr prägnant in dem einen Satz ausgedrückt, mit dem er die Ursache innergesellschaftlicher Verteilungsstreitigkeiten analysiert: „Doch nichts davon ergibt sich wegen des Fehlens der Gütergemeinschaft, sondern wegen der Verwerflichkeit (des Menschen)" (1263a21).

Eigentum als Rechtstitel

Wie aber steht es um das Recht auf Eigentum? Wenn die Natur alles, was der Mensch zum Leben braucht, bereitstellt, wie Aristoteles in *Pol.* 1256b7 ff. schreibt, wie kann der Mensch dann daran Eigentumsrechte erwerben?[24] Auf den ersten Blick scheint die Sache klar zu sein: Der Zweck der Natur, um des Menschen willen die Früchte der Erde hervorzubringen, kann sich nur verwirklichen, wenn der Mensch diese Früchte sich auch aneignen kann. John Locke löst das Problem des Übergangs von den natürlichen Ressourcen, die von Gott allen Menschen zugeeignet sind, zum persönlichen Besitz und Eigentum nun bekanntermaßen über das natürliche Eigentumsrecht des einzelnen Menschen an seiner eigenen Person (§ 27).[25] Dieses Recht ist bei Locke universell, bei Aristoteles nicht: In seinen Ausführungen über die Skla-

24 „Also ergibt es sich [...], dass die Pflanzen der Tiere wegen existieren und dazu auch noch die übrigen Lebewesen; und weiter, dass es um der Menschen willen Tiere gibt sowohl wegen der Benützungsart als auch wegen der Nahrung, und dass von den wilden Tieren, wenn schon nicht allesamt, so doch die meisten zur Nahrung und zur sonstigen Hilfeleistung leben, damit aus ihnen Kleidung und andere Werkzeuge angefertigt werden" (1256b15 ff.). „Ein derartiger Besitz scheint von der Natur selber allen gegeben zu sein" (1256b7 f.).

25 John Locke: Über die Regierung (Stuttgart 1974). Heinsohn/Steiger (Gunnar Heinsohn / Otto Steiger: Eigentum, Zins und Geld (Reinbek bei Hamburg 1996) 98) meinen, dass Locke hier ebenfalls Besitz und Eigentum verwechsele und in der zitierten Passage lediglich von *Besitz* der eigenen Person die Rede sein könne. Wenn man sich auf diese Passage beschränkt, mag das richtig sein, in dem dem Eigentumskapitel vorausgehenden Kapitel über Sklaverei erklärt Locke aber ausdrücklich, dass der Mensch in Ausübung seiner natürlichen Freiheit „sich weder durch einen Vertrag noch durch seine eigene Zustimmung zu irgend jemands Sklaven machen" kann (IV, 23). Sklave sein bedeutet aber, dass nicht nur die Arbeitskraft dem Herrn gehört (physischer Besitz) sondern auch die Rechte des vormalig Freien. Insofern darf angenommen werden, dass Locke schon zwischen Besitz und Eigentum zu differenzieren wusste.

verei unterscheidet er zwischen Menschen, die von Natur aus über sich selbst frei verfügen und solchen, die dies nicht tun. Die von Natur aus Freien haben aber ein natürliches Besitzrecht an den Sklaven: „Wer nämlich von Natur aus nicht sich selbst gehört, sondern als Mensch eben einem anderen, der ist von Natur aus ein Sklave" (1254a13). Wir können hier außer Acht lassen, dass Aristoteles in Verbindung mit dem Herrenrecht durchweg von *Besitz* (*ktema*) und nicht von *Eigentum* (*oikeia*) spricht, da sich seine Abhandlung über die Sklaverei aber eindeutig nicht auf ein Feudalsystem bezieht (in dem es Eigentum im rechtlichen Sinne nicht gibt), kann hier von dieser Differenzierung abgesehen werden.

Ich möchte nun die These aufstellen, dass der Schlüssel zu einer Herleitung eines Naturrechts auf Eigentum bei Aristoteles ironischerweise in seinen Überlegungen zur Naturgemäßheit der Sklaverei zu finden ist.[26] Hier wird nämlich (und sonst nirgends) die Verbindung zwischen natürlicher Freiheit im Sinne eines Eigentumsrechtes an der eigenen Person und äußerlichem Besitz hergestellt. Wer als Freier das natürliche Recht besitzt (d. h. qua Geburt frei ist), einen Sklaven sein eigen zu nennen, besitzt dieses Recht, so mein Argument, prinzipiell auch für jeden anderen Gegenstand, denn in bezug auf das Eigentumsverhältnis setzt Aristoteles den Sklaven mit anderen Gebrauchsgegenständen gleich: „Auf diese Weise ist auch das Besitztum ein Werkzeug im Hinblick auf das Leben, und der Besitz bedeutet eine Menge von Werkzeugen, und der Sklave ist eben ein belebtes Besitztum" (1254a30). Das so hergeleitete natürliche Recht auf Eigentum hält auch dann noch – und dies ist die Pointe meines Arguments, wenn man die Naturgemäßheit der faktischen Sklaverei ablehnt: Wenn der Sklave ein Teil dessen ist, was überhaupt besessen werden kann, weil es das Kriterium erfüllt, nicht sich selbst zu gehören, dann wird das Verhältnis von Eigentümer und seinem (möglichen) Eigentum nicht berührt, wenn wir den Sklaven aus der Menge der möglichen Besitztümer wieder entfernen. Aristoteles selbst gibt zu, dass es eine verbreitete Auffassung war, dass es zwischen den Menschen in dieser Hinsicht „der Natur nach" (1253b21) keinen Unterschied gebe.

26 Ich knüpfe damit an eine Überlegung Millers (Fred D. Miller: Nature, Justice, and Rights in Aristotle's Politics (Oxford 1997) 108 f.) an, der Aristoteles' Begriff vom Naturrecht eben auch in seinen Überlegungen zur Naturgemäßheit der Sklaverei verankert sieht, diesen Punkt dann aber nicht weiter verfolgt – insbesondere nicht hinsichtlich eines natürlichen Eigentumsrechtes. Ähnlich Schütrumpf (a.a.O. 299).

Allerdings, das macht die Gleichsetzung der Begriffe *Werkzeug* und *Besitz* deutlich, kommt Aristoteles aus der teleologischen Begründung von Eigentum auch dann nicht heraus, wenn das Eigentum an der eigenen Person sich als Naturrecht nachweisen lässt. Dieser Schritt gelingt erst Locke, indem er vom Eigentum an der eigenen Person über das daraus folgende Eigentum an der eigenen Arbeitskraft zum Eigentum am Produkt der eigenen Arbeit gelangt (a.a.O. § 27). Da ein derartiger abstrakter Arbeitsbegriff aber nicht in die Aristotelische Metaphysik passt, muss er das Eigentumsrecht an äußeren Dingen immer mit dem Hinweis auf die Nützlichkeit solchen Besitzes hinsichtlich des menschlichen Zweckes versehen. Das natürliche Eigentumsrecht wird aber erst dann für die Praxis tauglich, wenn es im Rahmen einer Rechtsordnung durchsetzbar wird, d. h. in positives Recht überführt wird. Der Unterschied zwischen geschriebenem Gesetz (*gegrammenos dikaios*), das ich hier dem heutigen Sprachgebrauch folgend positives Recht nenne, und dem Naturrecht besteht für Aristoteles eben darin, dass ersteres zwangsbewehrt ist, letzteres nicht: „Das geschriebene Gesetz besitzt nämlich seine Gültigkeit aus dem Zwang, das ungeschriebene nicht" (*Rhetorik* I, 14, 7)[27]. Das natürliche Eigentumsrecht, das auch außerhalb eines politischen Kontextes gilt, ist, wie wir gesehen haben, in dieser Hinsicht nur provisorisch.[28]

Da für Aristoteles Besitz und Eigentum als natürliches Herrschaftsverhältnis ohne dezidierten Anfang sind, stellt sich für ihn das Problem der ursprünglichen Erwerbung nicht. Dort, wo ein natürliches Herrschaftsverhältnis nach seiner Definition vorliegt, ist der Besitz automatisch gerechtfertigt – die Überführung in Eigentum ist dann bloß noch ein formaler Rechtsakt. Er umgeht damit das Problem Kants, der Besitzverhältnisse per se als Rechtsverhältnisse begreift, und für den ursprünglichen Erwerb im vorrechtlichen Zustand daher ein Konstrukt bilden muss, in dem der Boden und alles, was darauf ist, allen und keinem zugleich gehört.[29] Das Bestechende an Aristoteles' Eigentumstheorie ist,

27 Mit dem ungeschriebenen Gesetz ist hier das Naturrecht gemeint, nicht das bloß mündlich fixierte positive Recht. S.a. Miller, a.a.O. 109.

28 Zum Naturrecht s.a. *NE* V, 1134b und VIII, 1162b.

29 „Diese ursprüngliche Gemeinschaft des Bodens [...] ist eine Idee, welche objektive (rechtlichpraktische) Realität hat, und ist ganz und gar von der uranfänglichen [...] unterschieden, welche eine Erdichtung ist; weil diese eine gestiftete Gemeinschaft hätte sein müssen und aus einem Vertrage hervorgehen müssen [...]" (*Rechtslehre*, a.a.O. 359 f.). S. a. Wolfgang Kersting: Recht, Gerechtigkeit und demokratische Tugend (Frankfurt a.M. 1997) 54 ff.

dass sie keinerlei vertragstheoretischer Herleitung bedarf. Gerade weil die Herrschaft über den Besitz kein Willkürakt ist, sondern einer natürlichen Ordnung folgt, ist sie von Anbeginn an nicht nur rechtens sondern auch gerecht.

Gelder, die über das *agathe zoe* hinaus unproduktiv herumliegen – und damit kommen wir zum Anfang und zu Äsop zurück – können von ihren Eigentümern nicht mehr gut begründet für sich reklamiert und einer sozialen Verwertung vorenthalten werden. Es vergeht kaum eine Woche, in der nicht ein kapitalismuskritisches Buch veröffentlicht wird, das das zum Selbstzweck gewordene Gewinnstreben geißelt. Die Autoren seien daran erinnert, dass der Kapitalismus untrennbar mit dem durch Geld geschmierten freien Warenverkehr verbunden ist. Und Kapitalismus heißt nun einmal: aus Geld Geld machen. Das werden wir nicht aus der Welt schaffen. Nun liegt es an uns, ob wir aus dem Geld einen Sklaven oder einen Götzen machen, ob wir ihm gegenüber eine Herren- oder eine Sklavenmoral entwickeln und ob wir, jeder für sich, ohne fremden Antrieb, unser Leben zu gestalten lernen. Das ist allerdings Thema einer Tugendlehre, und die bedarf einer gesonderten Abhandlung.

Autorenverzeichnis

Gert Audring. Studium der Geschichtswissenschaft und der lateinischen Sprache in Berlin (Ost). Promotion an der Akademie der Wissenschaften der DDR „Zur wirtschaftlichen und sozialen Lage der attischen Bauern im ausgehenden 5. und im 4. Jh. v. u. Z."; Habilitation ebenda. 1988 Ernennung zum Professor, inzwischen im Ruhestand. Veröffentlichung: *Oikonomika*. Quellen zur Wirtschaftstheorie der griechischen Antike. G. Audring und K. Brodersen, Darmstadt 2008.

Matthias Gronemeyer. Studium der Philosophie, Erziehungswissenschaften und Linguistik in Hamburg und Tübingen. Promotion bei Otfried Höffe über Aristoteles und die Wirtschaft der griechischen Antike. Derzeit Lehrauftrag für Wirtschaftsethik an der pädagogischen Hochschule Ludwigsburg. Veröffentlichung: Profitstreben als Tugend? Marburg 2007.

Michael Hebenstreit hat an der Philipps-Universität Marburg, der Lomonossow-Universität Moskau (MGU) und der LMU München Philosophie, Volkswirtschaftslehre, Russistik, Germanistik und Ethnologie studiert und mit der Magisterarbeit „Wie ist Wirtschaftsmoral möglich? Eine Kritik des homo oeconomicus" abgeschlossen. Derzeit ist er als Doktorand an der Georg-August-Universität Göttingen am Department für Agrarökonomie in der Abteilung Umwelt- und Ressourcenökonomie tätig.

Magdalena Hoffmann. Studium der Politikwissenschaft, Neue Deutsche Literatur, Völkerrecht und Philosophie in Bonn und Warschau. Promotion in Philosophie an der Universität Bonn über Aristoteles' *Nikomachische Ethik* als Gegenstand der Partikularismus-Generalismus-Debatte. Derzeit tätig als Wissenschaftliche Mitarbeiterin am *Ueberweg-Band 5: Philosophie der Kaiserzeit und Spätantike* am Klassisch-Philologischen Institut der Universität Zürich. Veröffentlichung: Der Standard des Guten bei Aristoteles. Regularität im Unbestimmten. Aristoteles' *Nikomachische Ethik* als Gegenstand der Partikularismus-Generalismus-Debatte, Freiburg i.Br. 2010.

Jörn Müller. Studium der Philosophie, Geschichte und Pädagogik an den Universitäten Bonn und Edinburgh, Promotion 2001 (Bonn), Habilitation 2008 (Bonn), 2007–2010 Lehrstuhlvertretungen für Geschichte der Philosophie in Würzburg und Bochum, seit 2010 Akademischer Rat am Institut für Philosophie in Würzburg. Veröffentlichungen u.a.: Natürliche Moral und philosophische Ethik bei Albertus Magnus (2001); Physis und Ethos. Der Naturbegriff bei Aristoteles und seine Relevanz für die Ethik (2006); Das Problem der Willensschwäche in der mittelalterlichen Philosophie (co-ed., 2006); Antike Philosophie verstehen / Understanding Ancient Philosophy (co-ed., 2006); Die Lüge. Ein Alltagsphänomen aus wissenschaftlicher Sicht (co-ed., 2007); Grundpositionen philosophischer Ethik. Von Aristoteles bis Jürgen Habermas (co-ed., 2009); Platon-Handbuch. Leben – Werk – Wirkung (co-ed., 2009); Willensschwäche in Antike und Mittelalter. Eine Problemgeschichte von Sokrates bis Johannes Duns Scotus (2009); Wille und Handlung in der Philosophie der Kaiserzeit und Spätantike (2010).

Anna Schriefl. Studium der Philosophie und klassischen Philologie in München. Promotion über Platons Kritik an Geld und Reichtum in Bonn. Derzeit tätig als Wissenschaftliche Assistentin am Lehrstuhl für Praktische Philosophie und Philosophie der Antike in Bonn.

Peter Seele. Magister in Philosophie/ev. Theologie und Diplom in Wirtschaftswissenschaften. Promotion zum Dr. rer. pol. 2003 und zum Dr. phil. 2006. Derzeit Assistenzprofessor für Wirtschaftsethik an der Universität in Lugano sowie Lehrbeauftragter am Zentrum für Religion, Wirtschaft, Politik an der Universität Basel. Veröffentlichungen: Brains and Gold (2007), Philosophie der Epochenschwelle – Augustin zwischen Antike und Mittelalter (2008), Das Neue in Ökonomie und Management (co-ed. 2008), Philosophie des Neuen (ed. 2008), Unternehmertum – Vom Nutzen und Nachteil einer riskanten Lebensform (co-ed. 2010), Ordnungen im Übergang (co-ed. 2011).

Johannes Unholtz. Nach Beendigung der aktiven Berufszeit zweites Studium: Philosophie, Alte Geschichte und Geschichte der Mathematik, Johannes Gutenberg-Universität Mainz. 2010 Promotion in Mainz mit dem Thema: Gutsein im Oikos. Subpolitische Tugenden in den oikonomischen Schriften der klassischen Antike.

Thomas Wachtendorf. Studium der Philosophie und Politikwissenschaft in Oldenburg. Promotion in Oldenburg über Ethik nach Wittgenstein. Derzeit Geschäftsführer der Akademie für angewandte Philosophie in Berlin. Veröffentlichung: Ethik als Mythologie. Sprache und Ethik bei Ludwig Wittgenstein, Parerga, Berlin 2008.

Index

FSC
www.fsc.org
MIX
Papier Fördert
gute Waldnutzung
FSC® C083411

Kolibri 360 GmbH
Ferdinand-Jühlke-Straße 7
99095 Erfurt, Deutschland
produktsicherheit@kolibri360.de